Tous droits réservés — Distante Raphaël — 2023

8 rue des Sapeurs — 76460 Saint-Valéry-en-Caux

Loi n° 49 956 du 6 juillet 1949 sur les publications destinées à la jeunesse, modifiée par la loi n° 2011-525 du 17 mai 2011 : mars 2023

ISBN : 979-8-3765116-5-7

Achevé d'imprimer en mars 2023

Imprimé à la demande par Amazon

Dépôt légal : Mars 2023

30 € TTC

Les héros oubliés

Tome 2

DISTANTE RAPHAËL

Mes parutions

1- Les héros oubliés de mai et juin 1940, des Ardennes à Saint-Valery-en-Caux, tome 1.
2- Saint-Valery-en-Caux et Veules-les-Roses 1939-1945, tome 1.
3- Les héros oubliés de mai et juin 1940 de la Somme à la Côte d'Albâtre, tome 2.

Introduction

Le but de ce deuxième tome des héros oubliés est de continuer à transmettre l'histoire des régiments français qui ont combattu entre le 10 mai et le 12 juin 1940. Dans le premier tome, vous avez pu découvrir le parcours de la 2ᵉ et 5ᵉ division légère de cavalerie du général Berniquet et du général Chanoine, le 12ᵉ régiment de chasseurs du colonel Lesné, le 11ᵉ régiment de cuirassiers du colonel Georges Labouche et la 51ᵉ division écossaise (51st Highland Division) du général Victor Fortune.

Dans ce deuxième tome de la Somme à la Côte d'Albâtre, trois autres régiments sont mis à l'honneur : le 22ᵉ régiment d'infanterie coloniale du lieutenant-colonel Aimé-Pierre Le Tacon, le 56ᵉ régiment d'artillerie de montagne du lieutenant-colonel Louvel de Monceaux et le 81ᵉ régiment d'infanterie alpine du lieutenant-colonel Henri Verdier. Cent mille hommes ont été tués, entre le 10 mai et le mois de juin 1940. À travers ce livre, c'est encore un hommage profond afin que l'on n'oublie pas ces jeunes hommes qui ont été tués tout au long de ce conflit meurtrier, mais aussi pour ceux qui durant cinq années ont été internés dans les stalags en Allemagne.

Les témoignages et les récits des acteurs qui ont survécu à cette triste période sont précis et très émouvants. Je me suis attaché à illustrer tout au long de l'ouvrage les chapitres à travers des cartes postales, des photographies et des cartes géographiques qui apportent une meilleure vision du drame et du trajet parcouru par ces soldats. C'est un travail qui a été uniquement réalisé par la passion, la volonté et la promesse faite à des vétérans de juin 1940, ne pas les oublier !

J'espère que d'autres témoignages me parviendront à l'issue de la parution de ce dernier ouvrage afin de pérenniser l'histoire de ces héros oubliés de mai et juin 1940.

Raphaël Distante.

Chapitre 1

22e régiment d'infanterie coloniale (22e RIC)

Historique et contexte

Depuis le 23 août 1939, le 22e régiment d'infanterie coloniale est composé d'appelés-réservistes en provenance des départements suivants : les Bouches-du-Rhône, le Var, les Alpes-Maritimes, le Vaucluse et le Gard.

Ce régiment s'est illustré lors de la Grande Guerre de 1914-1918 et il est dissous en 1932. La caserne du régiment est dans la ville de Toulon. Il bénéficie d'un fort encadrement d'officiers et de sous-officiers d'active. Il est rattaché à la 5e division d'infanterie coloniale (5e DIC). Il est affecté par la suite à la 2e division légère de cavalerie sous les ordres du général André Berniquet durant les combats de la Somme et de la Seine-Inférieure (Seine-Maritime).

© Collection famille Lacroix : photographie prise le 8 septembre 1939 à Toulon, à droite le sergent-chef Sicurani.

© Collection famille Lacroix : officiers du 22ᵉ RIC en partance de Toulon le 8 septembre 1939.

Le 22ᵉ régiment d'infanterie coloniale est sous les ordres du lieutenant-colonel Aimé-Pierre Le Tacon.

Le 8 septembre 1939, le régiment quitte la ville de Toulon à bord de wagons à marchandises et de voitures, pour être transporté 76 heures plus tard, à Conflans-Jarny dans le département de la Meurthe-et-Moselle. Le régiment est constitué de 83 officiers, 337 sous-officiers et 2671 caporaux et hommes de troupes soit 3091 hommes.

Les unités du régiment sont réparties dans tous les villages du département et c'est le début d'une période intense d'instruction.

Le 12 décembre 1939, le régiment quitte la région de Metz pour se rendre en Moselle à Saint-Avold, après avoir franchi la ligne Maginot à Faulquemont.

Le 1ᵉʳ bataillon et le 3ᵉ bataillon montent en ligne dans le secteur de Carling-Merlebach et de la cité Jeanne d'Arc. Le 2ᵉ bataillon restant à Saint-Avold.

Durant deux mois, l'activité du régiment consiste essentiellement à des missions de reconnaissance, de patrouilles et de coups de main, menées entre les lignes dans la forêt de la Warndt par les trois groupes francs du régiment. Le régiment déplore son premier tué et fait son premier prisonnier. Mais le principal adversaire reste la neige et le froid, parfois le thermomètre, indique une température extrême affichée, de -30 degrés. Les unités aux avant-postes reçoivent leur ration quotidienne de vin en sac, sous forme de barres congelées qu'ils débitent à la hache avant de les faire fondre. La hantise est que les armes automatiques s'enrayent.

© Collection famille de Germain Dossetto : soldats du 22ᵉ RIC, le soldat Germain Dossetto est au premier rang debout à gauche.

Le 13 février 1940, le régiment est relevé et transporté à Vesoul dans la Haute-Saône afin de prendre du repos. Des permissions sont alors accordées aux hommes.

Le 10 mai 1940, coup de théâtre ! L'armée allemande passe à l'attaque et envahit La Hollande, la Belgique et le Luxembourg. Dès 6 h 30, la Belgique demande l'aide des alliés.

Le général Gamelin donne ordre d'exécuter la manœuvre « Dyle » qui consiste à faire pivoter toute l'aile gauche de l'armée, jusqu'à la cantonner à la frontière belge, pour se porter au secours de l'armée belge qui n'allait tenir que 18 jours. Le pivot se situe à hauteur de Thionville. À peine, le Haut-Commandement a-t-il envoyé son principal corps de bataille en Belgique qu'il constate la présence de forces hostiles importantes face à la charnière de son système. Il doit se rendre à l'évidence que l'effort fondamental de l'ennemi s'exerce à travers la forêt des Ardennes, pourtant jugée infranchissable par les généraux français. Plusieurs divisions de blindés allemands traversent la Meuse entre Sedan et Namur.

Le 10 mai 1940, le 22ᵉ régiment d'infanterie coloniale est mis en alerte et il est dirigé vers la frontière suisse.

Le 14 mai 1940, c'est une brèche dans le système de défense de l'armée française. Le 14 mai, le 22ᵉ régiment d'infanterie coloniale prend la route à pied. Alors qu'il se dirige vers Suarce, à une dizaine de kilomètres au sud-est de Belfort, il est arrêté dans la nuit du 19 au 20 pour être embarqué à Héricourt. La suite sera une chevauchée fantastique du corps d'armée des blindés du général allemand Guderian jusqu'à la Manche atteinte le 20 mai 1940 à hauteur de Saint-Valéry-sur-Somme.

Le 20 mai 1940, le général Gamelin est limogé et relevé par le général Weygand. Celui-ci demande à ses troupes disponibles de résister sur la Somme jusqu'au 15 juin afin de préparer les unités utiles à une opposition et à une contre-attaque. Les Allemands ont encerclé la force d'expédition Franco-Britannique, à Dunkerque et les combats se concentrent autour de cette ville, ce qui donne une chance aux armées alliées positionnées sur la Somme de préparer une contre-attaque et de mettre en difficulté l'agresseur allemand. Le 22e régiment d'infanterie coloniale devient un acteur de la résistance française de la Somme au Pays de Caux.

© Photo de la famille de Germain Dossetto

Germain DOSSETTO

Il est né le 2 juin 1907 à Marseille.

Matricule n° 2115

22e régiment d'infanterie coloniale.

Il sera de tous les combats de la Somme à la Côte d'Albâtre en Seine-Maritime, sous les ordres du colonel Le Tacon.

Il sera fait prisonnier le 12 juin 1940 à Manneville-ès-Plains avec les derniers survivants de son régiment.

Insigne du régiment en 1940.

Le 22 mai 1940, dans l'après-midi, le 22e régiment d'infanterie coloniale débarque à Goumay-en-Bray (Oise). Cantonné du 22 au 23 mai à Laudencourt, à 2 km au nord-est de Gournay, il en repart pour Bergicourt, à une trentaine de kilomètres au sud-ouest d'Amiens, qu'il atteint le

24 mai à 10 h après une rude étape. Le 22ᵉ régiment d'infanterie coloniale est transporté en camions le soir même et débarque le 26 mai au matin à Dancourt-Popincourt, entre Roye et Montdidier, à 35 km environ au sud-est d'Amiens.

Le régiment est constitué de 3 bataillons et chaque bataillon contient 4 compagnies.

Le 1ᵉʳ bataillon est commandé par le capitaine Baud.

> ➢ La 1ʳᵉ compagnie est sous les ordres du capitaine Martin.
> ➢ La 2ᵉ compagnie est sous les ordres du capitaine Gavouyère.
> ➢ La 3ᵉ compagnie est sous les ordres du capitaine Granger.
> ➢ La Compagnie d'accompagnement du 1ᵉʳ bataillon (CAB 1) est sous les ordres du capitaine Albert Sérole.

Le 2ᵉ bataillon est commandé par le commandant Henri Lacroix et son adjoint : le capitaine André.

> ➢ La 5ᵉ compagnie est sous les ordres du lieutenant Mitaux-Maurouard.
> ➢ La 6ᵉ compagnie est sous les ordres du lieutenant Roybon.
> ➢ La 7ᵉ compagnie est sous les ordres du capitaine Maurandy
> ➢ La compagnie d'accompagnement du 2ᵉ bataillon (CAB 2) est sous les ordres du capitaine Etienne Hellec.

Le 3ᵉ bataillon est commandé par le commandant Jacoby et son adjoint : le capitaine Godard.

> ➢ La 9ᵉ compagnie est sous les ordres du capitaine Boulanger
> ➢ La 10ᵉ compagnie est sous les ordres du lieutenant Pascal Laurenti
> ➢ La 11ᵉ compagnie est sous les ordres du capitaine Guichard
> ➢ La compagnie d'accompagnement du 3ᵉ bataillon (CAB 3) est sous les ordres du lieutenant Fornbacher.
> ➢ Une 13ᵉ compagnie de pionniers est sous les ordres du capitaine Omessa.

© Le capitaine André, officier en second du commandant Henri Lacroix.

6

Le 22e RIC et les chars dans la bataille de la Somme

© Colonel Le Tacon âgé de 53 ans en juin 1940.

Le 28 mai 1940, le 22e RIC se retrouve à proximité de la ville d'Abbeville dans la Somme.

Le voyage s'est effectué par train, par camion et à pied.

Le 22e RIC est mis à disposition de la 4e division cuirassée du colonel de Gaulle.

La mission du colonel Charles de Gaulle est d'affaiblir la tête de pont allemande dans la région d'Abbeville.

Le but cette mission est de contre-attaquer afin de diminuer la tête de pont allemande et essayer de rejoindre l'armée du nord qui est en difficulté autour de Dunkerque.

Le 22e RIC reçoit l'ordre de lancer la contre-attaque.

© Photo de l'auteur prise au musée des blindés de Saumur : char Renault R35 utilisé par le général de Gaulle en juin 1940 dans la Somme, avec sa 4e division cuirassée.

© Carte où on retrouve la 5e DLC et la 2e DLC (22e RIC) positionnées à gauche pour la défense de la Somme.

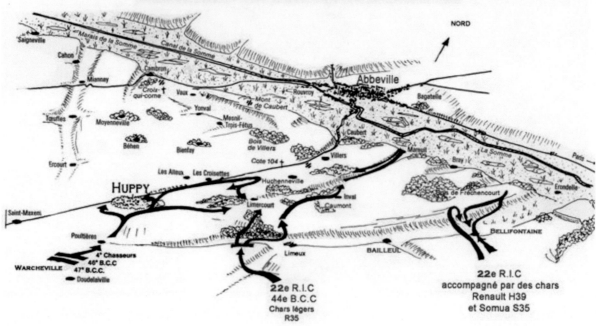

Le 28 mai 1940, jour de la capitulation belge, après divers embarquements et débarquements, le 22e RIC arrive entre 3 h et 5 h du matin à Wiry-au-Mont, à environ 16 km au sud d'Abbeville, où il est mis à la disposition de la 2ᵉ division légère de cavalerie (2ᵉ DLC commandé par le général André Berniquet) en vue de s'emparer de la tête de pont d'Abbeville.

Depuis 13 jours, les hommes jetés de routes en wagons et de routes en camions sont fatigués. Le 1ᵉʳ bataillon du capitaine Baud s'installe à Hocquincourt, le 2ᵉ bataillon du commandant Henri Lacroix à Citeme et le 3ᵉ bataillon du commandant Jacoby vers Frucourt. La compagnie de transmissions (CDT) et la compagnie régimentaire d'engins (CRE) dotée notamment de canons de 25 mm antichars et de mortiers de 60 mm, commandés par le lieutenant Albert Lacroix, est à Mérélessart. La compagnie hors rang (CHR), regroupant les services : d'approvisionnement, du ravitaillement, du dépannage auto, de vétérinaire, etc. est à Wiry-au-Mont. Par la suite, la compagnie de transmissions et la compagnie régimentaire d'engins viendront s'installer à Oisemont, près du poste de commandement (PC) du régiment.

Primitivement destiné à reprendre à son compte une attaque menée la veille par la 2ᵉ DLC avec appui de chars de la 1ʳᵉ division de blindés britannique du général Evans, attaque qui avait échoué, le 22ᵉ RIC est mis à la disposition d'une nouvelle grande unité, la 4ᵉ division cuirassée (4ᵉ DCr) commandée par le colonel de Gaulle (nommé le 25 mai, général à titre temporaire pour prendre rang à compter du 1ᵉʳ juin) pour effectuer l'opération. (1)

© Photo de l'auteur au musée des blindés de Saumur : char Renault R35 avec un canon de 37 mm

(1) Le 17 mai 1940, cette division, assez hétéroclite et dans l'ensemble fort peu entraînée, vient de porter un coup de boutoir en retardant l'ennemi, à 180 km d'Abbeville, dans la région de Laon, à Montcornet.

Le 19 mai 1940, à Crépy-sur-Serre, elle a, dans cette action, perdu une grande partie de ses moyens et est très éprouvée. Elle comprend des chars lourds B1-bis, des chars Somua, des chars légers R 35 et H 39 et des automitrailleuses, un bataillon de chasseurs et un régiment de dragons.

© Photo de l'auteur prise au musée des blindés de Saumur : char Hotchkiss H 39, canon de 37 mm et d'une mitrailleuse de 7,5 mm.

À 11 h, au château d'Oisemont le colonel Charles de Gaulle fait connaître que l'attaque sera pilotée par le 22e RIC et le bataillon de chasseurs de sa division, appuyés par ses deux demi-brigades de chars et par son artillerie, consolidée par celle de la 2e DLC du général André Berniquet.

Le régiment doit attaquer à 17 h, après une courte préparation d'artillerie et l'appui des chars sur l'axe Bailleul, Villers-sur-Mareuil, Mareuil, Mont-Caubert et sur un front de 5 km. L'ordre d'attaque rédigé par le lieutenant-colonel Le Tacon est le suivant :

 L'attaque sera exécutée par :

- le 1er bataillon du capitaine Baud est à droite, à hauteur de Bailleul, avec un front de 2 km environ,

- le 2e bataillon du commandant Henri Lacroix est à gauche, à hauteur de Limeux avec un front de 2 km environ, en liaison à gauche avec le bataillon de chasseurs de la division cuirassée du colonel de Gaulle.

- Le 3e bataillon du commandant Jacoby marchera en réserve derrière le 2e bataillon et à cheval sur la route de Limeux, Caumont, Mont-Caubert.

Le 1er objectif est limité :

- à droite, par la lisière-nord du bois de Fréchencourt,

- À gauche, par les lisières-nord de Caumont.

Le 2e objectif est limité :

- à droite par Caubert et à gauche par les pentes-ouest du Mont-Caubert.

À 17 h, malgré une violente contre-préparation d'artillerie sur Bailleul et le bois de Bailleul, le régiment est en place. Les chars ne sont pas encore arrivés. Néanmoins, les deux bataillons de 1er échelon, le 1er bataillon (capitaine Baud) et le 2e bataillon (commandant Henri Lacroix) partent à l'attaque.

Après avoir franchi 500 m, ils sont cloués au sol par le tir de l'infanterie allemande, notamment de ses armes automatiques, qui dispose d'un champ de tir superbe, surtout devant le 2e bataillon, et par l'artillerie allemande qui pilonne le terrain. À 18 h, les chars arrivent et l'attaque reprend.

Le soir, le premier objectif est atteint. Le 1er bataillon du capitaine Baud s'est emparé des villages de Bailleul et de Bellefontaine, à 19 h, et du moulin de Bellevue et du bois de Fréchencourt à 21 h.

Le 2e bataillon du commandant Lacroix a pris possession du moulin de Limeux du village et du château de Caumont, fortement organisé. Le 3e bataillon a progressé jusqu'au parc du château de Caumont auprès duquel s'est porté le PC du régiment. Pour la première fois, les Allemands se replient et abandonnent au régiment français, blessés, prisonniers, armes et matériel.

À 22 h, la nuit étant complète, les bataillons organisent leurs positions. De nombreux prisonniers ont été faits, un important matériel de toute nature récupéré. Les pertes sont toutefois sévères. L'attaque doit reprendre le lendemain à 5 h. La 1re division de blindés britannique a eu 120 chars de détruits ou endommagés.

Ce 28 mai 1940 est une première victoire de l'armée française sur l'armée allemande qui ne s'attendait pas à cette défense par des chars français surpuissants et indestructibles, dont le char B1 bis.

© Photo de l'auteur prise au musée des blindés de Saumur : char Renault B1 bis, c'est le plus puissant des chars français en 1940 avec un canon de 75 mm.

© Photo de l'auteur prise au musée des blindés de Saumur : char Somua S35 avec un canon de 47 mm.

Le 29 mai 1940, à 4 h, l'infanterie et les chars reprennent l'attaque. Les Allemands réagissent immédiatement par des tirs d'artillerie particulièrement nourris en provenance du Mont-Caubert et des rives du nord de la Somme.

Le 1er bataillon du capitaine Baud, avec lequel seulement 5 chars Somua mènent l'attaque, souffre particulièrement de ces tirs. La 1re compagnie, à gauche, est notamment clouée au sol sur le plateau à l'ouest du village de Mareuil ; elle subit des pertes considérables.

La 2e compagnie du capitaine Gavouyère moins éprouvée s'empare du bois de la Morue où le capitaine Baud blessé vers 10 h est remplacé par le capitaine Gavouyère. Vers 16 h, les chars s'infiltrent dans le village de Mareuil-Caubert que la 2e Cie nettoie. Les restes de la 1re compagnie du capitaine Martin rejoignent à la tombée de la nuit la 2e compagnie.

La 3e compagnie du capitaine Granger a obliqué vers la gauche pour éviter les tirs d'artillerie adverse et s'est mélangée avec le 2e bataillon vers Villers-sur-Mareuil. Elle ne rejoindra le bataillon que le lendemain vers 7 h.

À 19 h 30, la section du lieutenant Mazoyer qui a été envoyée en reconnaissance à Caubert est faite prisonnière. À 20 h, un violent tir d'artillerie se déclenche sur Mareuil-Caubert. Les chars se sont repliés et le bataillon s'y organise. À la gauche du 1er bataillon, le 2e bataillon adopte le dispositif suivant : à gauche la 6e Cie, à droite la 5e et la 7e Cie. Des chars R 35 et H 39 les précèdent. La 6e compagnie est arrêtée assez longtemps devant le château d'Huchenneville, dont le parc, est le poste de commandement d'un régiment ennemi, et où la résistance est opiniâtre. Il est investi grâce au soutien de deux B1-bis qui occupe le village à 9 h.

À 12 h, elle rejoindra Villers-sur-Mareuil, après avoir progressé entre la route d'Huchenneville et d'Abbeville et la route de Villers.

© Photo de l'auteur : château de Huchenneville qui servit de quartier général durant la bataille de la Somme pour le 22e RIC et la 51e Highland Division.

© Collection IWM : soldats de la 51e Highland Division derrière le château de Huchenneville qui transportent et transfèrent par une ambulance militaire, un blessé de la bataille de la Somme. Le château de Huchenneville est très proche de Mareuil-Caubert.

La 5ᵉ Cie du lieutenant Mitaux-Maurouard et la 7ᵉ Cie du lieutenant Maurandy, qui ont avancé à travers bois, occupent vers 8 h le parc du château de Villers à droite de la route d'Abbeville et les vergers au nord-est de Villers-sur-Mareuil, qui est jonché d'une multitude de cadavres allemands, d'armes automatiques, de matériels, de vestes, de masques à gaz, etc. Ils subissent presque immédiatement une contre-attaque ennemie. À 13 h, elles sont de nouveau attaquées. Elles sont encerclées. Les chars les dégagent et leur permettent de maintenir leurs positions malgré les tirs intenses de l'artillerie allemande dont certaines pièces tirent à vue. Plusieurs de ces pièces furent d'ailleurs détruites par notre artillerie et nos mortiers grâce, notamment, à l'excellent travail accompli par la batterie avancée de la 4ᵉ DCr (division cuirassée) qui infligera en outre des pertes considérables à l'ennemi.

À 12 h, conduite par le chef de bataillon Joanne, chef d'état-major du régiment, la 10ᵉ Cie, commandée par le lieutenant Laurenti, rétablit la liaison entre le 1ᵉʳ et le 2ᵉ bataillon. Le 3ᵉ bataillon du commandant Jacoby qui a suivi la progression occupe en fin de journée les positions suivantes : la 9ᵉ Cie du capitaine Boulanger est à Huchenneville, la 10ᵉ Cie du lieutenant Laurenti est à Villers-sur-Mareuil à la disposition du 2ᵉ bataillon du commandant Lacroix, la 11ᵉCie du capitaine Guichard est dans le bois des Hétroy. Le poste de commandement (PC) du régiment est installé depuis 10 h au château d'Huchenneville. Le poste de secours qui a fonctionné le matin au château de Caumont est installé aux lisières-nord du village de Caumont. Morts et blessés sont très nombreux. À 18 h, le chef de corps donne l'ordre de s'installer et d'organiser la défense.

© Photo de l'auteur : le cimetière de Mareuil-Caubert est face au terrain où les combats furent sanglants dans la Somme fin mai et début juin 1940.

Le 30 mai 1940, au petit jour, des reconnaissances sont poussées au nord de nos positions : le 1ᵉʳ bataillon vers Caubert, le 2ᵉ bataillon vers Mont-Caubert. L'ennemi tient toujours solidement.

Le 1ᵉʳ bataillon fouille tout le village de Mareuil-Caubert et ses lisières-ouest où des infiltrations se sont produites. À 10 h, malgré une défense opiniâtre, l'ennemi réoccupe les lisières-ouest.

Le 1ᵉʳ bataillon du capitaine Baud organise solidement la défense du château. À 15 h, l'ennemi déclenche une violente attaque sur Mareuil. Elle est arrêtée par les tirs d'infanterie et d'artillerie. À 21 h, la 1ʳᵉ Cie du capitaine Martin est maintenue au château de Mareuil-Caubert avec le PC. Le reste du bataillon occupe le plateau à 1 km au sud-ouest du village et rétablit la liaison avec le 2ᵉ bataillon du commandant Lacroix.

Le 2ᵉ bataillon du commandant Lacroix a pour mission d'occuper le bois de Villers avec l'appui des chars. À 7 h, la 6ᵉ Cie du lieutenant Roybon, renforcée de deux sections de la 10ᵉ Cie et appuyée à droite par une section de la 5ᵉ Cie, commence à fouiller le bois quelle attaque à 9 h, car il est fortement tenu par l'ennemi.

À 12 h, elle l'occupe entièrement et s'installe aux lisières-nord.

À 13 h 30, violemment contre-attaquée avec l'appui des pièces d'artillerie rapprochées tirant du Mont-Caubert, elle en est rejetée.

Le chef d'état-major, le chef de bataillon Joanne, est chargé de sauver la situation. Il dispose de tous les officiers, sous-officiers et hommes disponibles de la Cie de transmissions, de la 9ᵉ Cie et d'une partie de la 10ᵉ Cie. Il intègre aussi les hommes restants de la 6ᵉ Cie, qui étaient privés de ses chefs tués ou blessés. Le commandant Joanne reprend ainsi les lisières-sud du bois de vive force.

Le 3ᵉ bataillon du commandant Jacoby occupe les mêmes emplacements que la veille.

Le PC du régiment, toujours au château d'Huchenneville, est à plusieurs reprises bombardé par l'artillerie et les « avions sirènes » (les stukas sont équipés d'un dispositif qui leur permet de propager en piqué et avec une assez grande vitesse un bruit ressemblant à celui d'une sirène) volant bas. Dans le courant de la matinée, le colonel Charles de Gaulle est venu féliciter le chef de corps pour la brillante conduite du régiment.

© Photo de l'auteur prise au musée des blindés de Saumur : soldats français en position avec une mitrailleuse.

Le 31 mai 1940, La 4e DCr, qui a perdu 112 chars sur 187, se retire, le régiment passe sous le commandement du général Fortune, commandant la 51e division écossaise (51st Highland Division).

À la pointe de l'aube, la 9e Cie du capitaine Boulanger et la 10e Cie du capitaine Guichard, sont aidées par deux sections de chars R 35, qui sont encore là malgré le repli de la 4e DCr, et ils reprennent la totalité du bois de Villers. Le chef de bataillon Jacoby commandant le 3e bataillon est mortellement blessé au cours de cette action (*).

© Commandant Jacoby

Le décès du commandant Jacoby est intervenu le 31 mai 1940, dans l'après-midi. L'aumônier est près du château de Villers-sur-Mareuil, et d'une petite église entourée d'un cimetière ; plusieurs hommes du 2e bataillon et de la 10e compagnie procèdent à l'inhumation de quelques camarades. Tandis qu'il bénit les corps, une rafale d'artillerie les surprend. Depuis les abords du château, ils aperçoivent l'ennemi qui rampe dans leur direction. C'est alors qu'il rencontre un gars du 2e bataillon, qui est originaire de Pont-d'Ain, le même département que Cessy (l'Ain, département d'où est originaire l'aumônier) qui lui apprend que le commandant Jacoby vient d'être gravement blessé à quelques centaines de mètres.

En courant, l'aumônier arrive près du chef, aimé et respecté, qui est mortellement touché. Il accompagne les brancardiers jusqu'au château de Caumont où est établi le poste de secours régimentaire.

Des dizaines de blessés gémissent sur la paille. Avec un merveilleux dévouement, le médecin-commandant Kerforne va de l'un à l'autre, entouré de ses aides, pour panser les plaies, faire les piqûres qui soulagent, et embarquer, dans les ambulances qui se succèdent, les plus gravement atteints en direction de l'hôpital de Beauvais.

Le médecin se penche avec émotion, sur le chef de bataillon Jacoby qui n'a pas complètement perdu connaissance. Après l'avoir pansé, il se tourne vers l'aumônier qui l'interroge du regard et il lui murmure simplement : *« Hélas ! Plus rien à faire »*.

En attendant l'ambulance, l'aumônier reste seul près du chef de bataillon Jacoby ; celui-ci le reconnaît. Il s'exprime difficilement. Il est touché à la poitrine : *« Donnez-moi tout ce qu'un chrétien doit recevoir »*... *« Dites à mes hommes que je les aimais bien »*... *« Je donne à Dieu ma vie pour eux... pour la France ! »*. Ce furent ses dernières paroles. Il mourut dans l'ambulance qui l'emmenait à Beauvais.

Le 1er bataillon du capitaine Baud occupe le château de Mareuil-Caubert qui se prête à la défense. Il est soumis à de violents bombardements et à des tirs d'infanterie. À 12 h, il repousse une attaque de l'ennemi appuyée par des automitrailleuses.

Le capitaine Gavouyère commandant la 2e compagnie organise un point d'appui secondaire à la Ferme.

(*) *Cette action n'est mentionnée ni dans les différents textes rédigés en Allemagne par le lieutenant-colonel Le Tacon ni dans les « Souvenirs de guerre » du lieutenant P. Roybon, commandant la 6e Cie. Mais elle est évoquée par M. de Wailly dans « De Gaulle sous le casque », page 292 et dans « La victoire évaporée », page 73.*

16

© Collection famille Lacroix : docteur Kirsch, le commandant Henri Lacroix(1) et le lieutenant Girard du 22ᵉ RIC.

À 15 h, l'ennemi attaque de nouveau avec son infanterie uniquement. Il est de nouveau repoussé. Le 2ᵉ bataillon du commandant Henri Lacroix subit de violentes attaques de la part de l'ennemi qui veut reprendre le village de Villers-sur-Mareuil et le bois de Villers. Les assauts sont incessants et les bombardements continus. Les mortiers et l'artillerie française répliquent.

Le 3ᵉ bataillon est commandé par le capitaine Benoît Godard depuis la mort de Jacoby. Il est fortement éprouvé par l'attaque du matin. La 9ᵉ Cie du capitaine Boulanger et la 10ᵉ Cie du lieutenant Laurenti se maintiennent dans le bois de Villers malgré les efforts de l'ennemi pour les en chasser. La 11ᵉ Cie du capitaine Guichard, qui est soumise à de violents bombardements, tient toujours le bois des Hétroy. Le PC du régiment est régulièrement bombardé.

Le 1ᵉʳ juin 1940, les éléments de la 51ᵉ division écossaise chargés d'effectuer les reconnaissances arrivent au régiment à 8 h. Ils repartent à 18 h.

Le 1ᵉʳ bataillon du capitaine Baud s'oppose toute la journée aux tentatives de pénétration de l'ennemi. Il subit des attaques aériennes quasi continues. Il repousse à 21 h une violente attaque ennemie précédée d'un très fort bombardement.

Le 2 juin 1940 (*du 2 au 7 juin, retrait des troupes alliées de Narvik***),** à 3 h, la relève du 1ᵉʳ bataillon commence à s'effectuer non sans de grosses difficultés. Elle se termine à 7 h. La CAB 1 (compagnie d'accompagnement du 1ᵉʳ bataillon) du capitaine Sérole, qui est restée à la disposition des Écossais pour la journée ne rejoint le reste du bataillon que le 3 juin vers 2 h.

(1) Commandant Henri Lacroix (1899-1972)

© Photo de l'auteur prise au musée des blindés de Saumur : automitrailleuse de reconnaissance AMR 33.

Le 2ᵉ bataillon du commandant Henri Lacroix est soumis de 22 h à 24 h à un violent bombardement suivi d'une attaque. Celle-ci est repoussée et la relève peut commencer. Elle se termine à 6 h. Le 3ᵉ bataillon termine sa relève vers 6 h. Sauf la CAB 1, les unités du régiment ont rejoint leurs cantonnements de départ vers 12 h. Elles y retrouvent le matériel qu'elles y avaient laissé. Le PC du régiment s'installe vers 10 h au château d'Oisemont. Le général de Gaulle vient au PC pour adresser au régiment ses plus vives félicitations au cours de ces journées. Il dit notamment : « *Le 22ᵉ RIC est le 1ᵉʳ régiment français qui, depuis le début de la guerre, a emporté de haute lutte une position allemande et a tenu devant toutes les contre-attaques* ». À la lecture de certains souvenirs, il ressort de cela que de nombreux participants retiennent de ces six jours, du 28 mai au 2 juin, un sentiment d'isolement et d'abandon tant sur le plan des appuis que des soutiens.

Notamment, le défaut de renforts et surtout de ravitaillement est constamment déploré. L'obsolescence de l'armement individuel, le fusil Lebel et le revolver modèle de 1892, souvent sans cartouches en ce qui concerne ce dernier, est souvent évoquée.

Du 28 mai au 2 juin 1940, le régiment a perdu plus du quart de son effectif initial :

- 4 officiers de tués : un chef de bataillon et trois lieutenants.
- 100 sous-officiers et hommes de troupe tués.
- 22 officiers de blessés ou disparus.
- 500 sous-officiers et hommes de troupe de blessés ou disparus.

Au cours des mêmes journées, le 22ᵉ RIC a conquis des positions ennemies sur 5 km de largeur et 5 km de profondeur comprenant les villages de Bailleul, Bellefontaine, Caumont, Huchenneville, Villers-sur-Mareuil, Mareuil et Mareuil-Caubert.

Il s'est emparé de 150 prisonniers, 25 canons antichars, 28 mitrailleuses ou mitraillettes, 200 fusils, 5 caissons d'artillerie avec munitions, 11 camions de munitions, 8 autos de tourisme, 9 fourgons, 11 motos, 1 matériel complet d'observation, 20 chevaux, 5 gros dépôts de munitions et d'artillerie, 3 cuisines roulantes, 1 chenillette française, plusieurs dépôts de matériel et de vivres. Environ 25 chars et automitrailleuses anglaises et françaises ont pu être en partie récupérés grâce à notre avance. Des dizaines de tués ennemis ont été trouvés sur le terrain d'attaque.

Le 3 et le 4 juin 1940 (*chute de Dunkerque*)**,** le 22ᵉ RIC procède dans sa zone de regroupement, Hocquincourt, Hallencourt, Citerne et Oisemont à la remise en ordre de ses unités et à l'identification des morts et des blessés. Il ne compte plus guère qu'un officier par compagnie et chaque unité est réduite à trois sections incomplètes.

Le 5 juin 1940, au matin, le régiment occupe :

- le poste de commandement (PC), la compagnie de transmissions (CDT) et la CRE (compagnie régimentaire d'engins) à Oisemont ;
- la CHR (compagnie hors rang) à Wiry-au-Mont ;
- le 1ᵉʳ bataillon : Hocquincourt, le 2ᵉ bataillon : Citerne et le 3ᵉ bataillon : Hallencourt.

Ces villages ont été organisés défensivement.

Dès que le jour pointe, une forte canonnade se fait entendre au nord et au nord-est d'Oisemont.

Vers 8 h 30, la 2ᵉ DLC demande la mise à sa disposition d'un bataillon du régiment, car l'attaque ennemie qui s'est produite à 4 h du matin n'a pu être endiguée. Le chef de corps en réfère téléphoniquement au général commandant la 5ᵉ DIC qui l'autorise à donner satisfaction à cette demande.

© Photo de l'auteur prise au musée des blindés de Saumur : canon antichar français de 47 mm d'une portée maximum de 1800 mètres.

19

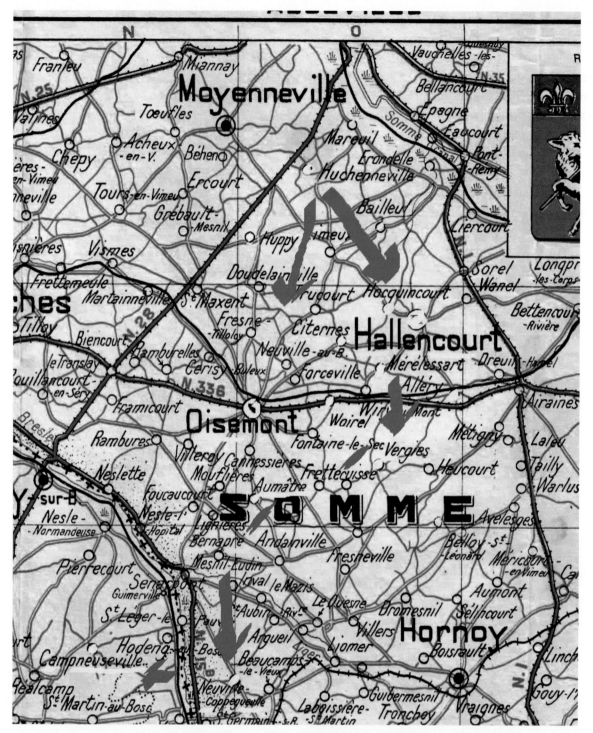

© Carte élaborée avec les informations extraites du rapport du colonel Le Tacon. Le retrait du régiment à travers le département de la Somme. En bleu, les positions successives du poste de commandement du régiment.

Le 3e bataillon, commandé par le capitaine Godard, est mis à la disposition du colonel commandant le 3e régiment de dragons portés (3e RDP). Conformément aux ordres de celui-ci, le capitaine Godard organise le bois Dubois et le mamelon situé au nord-est en liaison avec le 3e RDP, protège l'artillerie, laisse une compagnie à Hallencourt pour en assurer la défense au nord. Mais l'attaque ennemie, qui au jour a franchi la Somme, a progressé en débordant successivement les points d'appui du 3e RDP. La menace principale est prononcée à l'ouest du front, en direction de la crête située entre Bellifontaine et le bois Dubois, dans lequel il y a une batterie de 75 mm motorisée.

Le 3e régiment de dragons portés (3e RDP) commandé par le lieutenant-colonel René de Reboul oppose à l'ennemi, de ce côté, environ : un peloton motocycliste encerclé dans un village sur la Somme, un peloton motocycliste au contact le long et au sud de la route nationale, un groupe à la lisière-nord du bois Dubois, deux groupes de mitrailleuses et un canon de 25 mm sur le mamelon situé à 1 km au nord-ouest du bois Dubois. L'ennemi s'infiltre en direction du bois Dubois.

À 9 h 30, le mouvement prescrit par le commandant du 3e bataillon est amorcé, mais il est suspendu, car l'attaque ennemie se montre plus dangereuse au centre. Il est à signaler que la 2e DLC ne dispose que du 3e RDP et d'un régiment de chars et d'automitrailleuses, ces deux régiments étant déjà fortement réduits. Sa brigade de cavalerie est à 40 ou 50 km à l'ouest, en réserve de corps d'armée.

Conformément à de nouveaux ordres du commandant du 3e RDP, le commandant du 3e bataillon porte la 11e Cie du capitaine Guichard au bois Dubois avec la mission antérieure du bataillon, le groupe de 75 mm motorisé ayant mis ses canons hors d'usage et s'étant replié, la 9e Cie à Sorel-en-Vimeu en liaison par les feux avec la 11e Cie et avec la 10e Cie portée au village de Wanel.

Les compagnies doivent constituer des points d'appui antichars et *« résister sans esprit de recul »*. À 10 h, le mouvement est en cours. Sont laissées à Hallencourt : la section de commandement du bataillon, la section de commandement de la CAB 3, une section de mitrailleuses et les mortiers.

À 11 h, tous les officiers des 9e et 10e compagnies, qui se trouvent, excepté le lieutenant Cuenot, à Wanel au PC du bataillon du 3e RDP pour y prendre des ordres, sont tués ou blessés par un obus qui détruit le PC. Le capitaine Godard, commandant le 3e bataillon, qui n'a reçu l'ordre de s'y rendre qu'à 11 h, n'y arrive heureusement qu'à 11 h 30.

À 11 h 30, le chef de corps reçoit l'ordre signé du général Marcel Ihler, commandant le 9e corps d'armée (9e CA) de se mettre avec tout son régiment à la disposition du général commandant la 2e DLC, le général André Berniquet. Il se rend aussitôt au château de Mérélessart, où se trouvent les généraux Berniquet et Paul Gastey, pour y prendre leurs instructions. À 12 h, en exécution de leurs ordres verbaux, il prescrit au :

- 2e bataillon du commandant Henri Lacroix de porter une compagnie au bois Renaud (5e Cie), deux sections de fusils mitrailleurs à Wiry-au-Mont (6e Cie), le PC du bataillon et une compagnie et demie (7e et 6e Cie) à Allery. Tous ces éléments devront organiser la défense en réduits fermés ;
- 1er bataillon du capitaine Gavouyère de se tenir prêt à faire mouvement, mais en attendant de concourir à la défense d'Hallencourt où se trouve le PC du 3e régiment de dragons portés (3e RDP).

À 11 h 45, le PC du régiment fonctionne effectivement au château de Mérélessart où viennent s'installer la CDT, et les éléments non employés de la CRE. Peu après, les trois points d'appui du 3e bataillon : Sorel-en-Vimeu, Wanel et bois Dubois sont attaqués par les chars ennemis.

À 16 h, le village de Wanel est encerclé, les motocyclistes du 3e RDP qui cherchent à percer vers le Sud sont décimés. À 16 h 30, Wanel est pris. Seuls reste du 3e bataillon dans le village, le capitaine Sérole, le médecin-lieutenant Grener, l'adjudant-chef Le Thomas et l'équivalent d'une section ; ils harcèlent les colonnes ennemies à partir des haies situées au nord-ouest du village.

© Photo de l'auteur prise au musée des blindés de Saumur : le canon APX SAL 37 de 25 mm pouvait perforer un blindage de 40 mm d'un char ennemi à une distance de 400 mètres.

© Photo de l'auteur prise au musée des blindés de Saumur : motocyclette française de 1940.

À 19 h, un avion les repère et bientôt des éléments de chars et d'infanterie les font prisonniers, à l'exception du capitaine Sérole qui s'est dissimulé.

Profitant de la nuit, le capitaine Sérole franchira les lignes ennemies et rejoindra le PC du régiment le lendemain matin à 8 h.

Du bois Dubois, quelques hommes commandés par le lieutenant Leraitre se replient sur Hallencourt. Ces quelques éléments restants du 3ᵉ bataillon sont répartis entre les 1ers et 2ᵉ bataillons.

À 17 h, le capitaine Gavouyère, commandant le 1ᵉʳ bataillon, est prévenu par le commandant du 3ᵉ RDP du repli de ce régiment. Il lui confie la défense du village d'Hallencourt.

À 18 h, le commandant de la 2ᵉ DLC prescrit au lieutenant-colonel Le Tacon de se replier sur Woirel, le 1ᵉʳ bataillon qui se trouve en flèche. Cet ordre commence à être exécuté à 19 h.

Le décrochage s'effectue dans l'ordre 1ʳᵉ, 2ᵉ et 3ᵉ Cie. Le 1ᵉʳ bataillon occupe le village et le château de Woirel qui sont mis en état de défense. Au cours du repli, le commandant de la CAB 3, le lieutenant Fornbacher, est tué.

Vers la même heure, l'ordre est donné à la 5ᵉ Cie de se replier du bois Renaud sur Wiry-au-Mont, où elle se groupe avec les deux sections de la 6ᵉ Cie qui s'y trouvent déjà. La défense est organisée sur la voie ferrée et sur la route d'Oisemont à Allery.

À 18 h, les éléments d'Allery, la 7ᵉ Cie, deux sections de la 6ᵉ Cie et quelques automitrailleuses de reconnaissance (AMR) sont fortement attaqués par des chars et des automitrailleuses.

Le gros des colonnes blindées ennemies s'écoule vers la droite.

© Photo de l'auteur prise au musée des blindés de Saumur : Panzer II et canon antichar pak 35/36

À 21 h, l'ordre est envoyé au commandant du 2e bataillon, dont le PC se trouve à Allery, de se replier avec ses éléments sur le bois de Cambos, mais en fin de nuit, le bataillon occupe le bois de Woiry et n'atteint le bois de Cambos que le lendemain vers 11 h.

Au cours de la journée du 5 juin, le PC du régiment fonctionne de 19 h à 22 h au château de Woirel, et ensuite à Vergies.

Au cours de cette journée, le 3e bataillon a été presque complètement détruit et les pertes du 1er bataillon et du 2e bataillon ont été nombreuses. Les pertes en officiers sont les suivantes :

- **3 tués** : lieutenants Monnier (7e Cie), Fornbacher (CAB 3) et Daviet (9e Cie),
- **4 blessés** : le capitaine Maurandi (7e Cie), les lieutenants Laurenti et Fabre (10 ème Cie), Rosa (11 ème Cie),
- **2 disparus** : lieutenant Jacquot (11 ème Cie), sous-lieutenant Cuenot (9e Cie).

La nuit du 5 au 6 juin se passe sans incident sérieux.

Le 6 juin 1940, à 6 h, le chef de corps prescrit au commandant du 1er bataillon d'assurer le commandement de tous les éléments de Woirel et Wiry-au-Mont. Dans la matinée, la brigade de cavalerie du général Gastey de la 2e DLC peut enfin intervenir. Elle occupe Vergies et des positions plus au Sud.

À 10 h, le chef de corps reçoit l'ordre de porter ses deux bataillons sur Fontaine-le-Sec et le bois de Bienflos. Le mouvement commence vers 11 h. Le 1er bataillon se porte sur Fontaine-le-Sec, le 2e sur le bois de Bienflos où le rejoignent la 5e Cie et les deux sections de la 6e Cie, venues de Wiry-au-Mont. Le 2e bataillon est regroupé.

Dès l'arrivée sur leurs positions, les deux bataillons s'organisent en réduits fermés.

À 11 h, le PC du régiment est à Aumâtre, à 5 km à l'ouest de Vergies.

Vers 13 h 30, les deux bataillons sont fortement attaqués, mais résistent avec succès. Peu après, le bombardement reprend et on enregistre de nombreuses pertes.

Au bois de Bienflos, où le bombardement est particulièrement intense, le chef de bataillon Lacroix est blessé, le lieutenant Roybon, commandant la 6e Cie, fortement, commotionné. Le lieutenant Chabaud qui reste l'unique officier de la 6e Cie est blessé à son tour.

Aussi, à 17 h 30, se produit un reflux de cette compagnie dont les emplacements sont immédiatement occupés par l'ennemi ce qui entraîne le capitaine André, adjudant-major, qui a pris le commandement du bataillon, à donner l'ordre de repli.

Averti, le chef de corps envoie immédiatement au bois de Bienflos le commandant Joanne, le capitaine Bourgeon et le lieutenant Chabot de l'état-major ainsi que les lieutenants Sigallon et Marquet, le sous-lieutenant Fabre de la CDT et tous les éléments disponibles de la CDT et de la CRE. Il ne conserve à sa disposition que le lieutenant Poulain.

Le commandant Joanne a pour mission de récupérer tous les éléments du 2e bataillon et, avec ceux-ci, renforcer des éléments de la CDT et de la CRE, de contre-attaquer l'ennemi et de reprendre les positions du bois de Bienflos. Lorsqu'il arrive, d'une part le bois est déjà très fortement tenu, d'autre part notre artillerie l'arrose copieusement en entier. Il doit donc se limiter à établir une ligne près de la lisière du bois et interdire à l'ennemi d'en déboucher.

Il tient cette position jusqu'à 23 h 30, c'est l'heure à laquelle il reçoit l'ordre de repli.

Le 1er bataillon qui, vers 19 h, a subi un nouvel assaut tient toujours Fontaine-le-Sec. Il doit déclencher plusieurs contre-attaques pour maintenir ses positions. C'est au cours de ces actions que sont blessés le capitaine Martin, commandant la 1re Cie, les lieutenants Daveaux, commandant la 2e Cie, Battestini de la CRE et le sous-lieutenant Gaude de la CRE.

À 22 h, l'ordre est donné au régiment de se replier sur Bernapré et Mesnil-Eudin où il devra s'installer en tête de pont dès son arrivée. Cet ordre est envoyé d'urgence aux deux bataillons et le mouvement commence dès minuit. Cependant, la 3e Cie (lieutenant Vaudrey), sur un ordre mal compris ou mal transmis, reste sur ses positions. Elle est encerclée et faite prisonnière au cours de la nuit.

Durant la journée, le bilan du régiment est de :

- **12 officiers blessés :** capitaine Bourgeon et lieutenant Chabaud de l'état-major du régiment, le lieutenant Battestini et le sous-lieutenant Gaude de la CRE, le capitaine Martin (1re Cie), le lieutenant Daveaux (2e Cie), le chef de bataillon Henri Lacroix (2e Bton), le lieutenant Mitaux (5e Cie) non évacué, le lieutenant Chabaud (6e Cie), le lieutenant Girard (7e Cie), le lieutenant Boyron (6e Cie) commotionné et non évacué, le lieutenant Faivre (CAB 3),
  4 officiers disparus : les lieutenants Vaudrey (3e Cie), Duval (CAB 2), Laugier (CAB 1), Magne (état-major du 1er Bton),

- **sous-officiers, caporaux et soldats** : le nombre exact de tués, blessés et disparus ne peut être déterminé, mais les pertes sont très sévères.

Le 7 juin 1940, vers 4 h, les éléments qui constituent encore le 22e RIC, qui, depuis deux jours et deux nuits, marchent et combattent sans arrêt, arrivent sur les nouvelles positions. Le 1er bataillon occupe Bernapré, le 2e bataillon Mesnil-Eudin.

La 40e division d'infanterie (40e DI), couverte par le 22e RIC et la 2e DLC, occupe les passages du Liger. La 40e DI du général André Durand est composée de bataillons de chasseurs alpins et de bataillons de chasseurs à pied revenant de Norvège. Le commandant Joanne qui, la veille, avait pris le commandement du 2e bataillon reprend sa place auprès du chef de corps. Il est remplacé à la tête de ce bataillon par le capitaine Sérole. Le PC du régiment s'installe sur les hauteurs sud-ouest de Sénarpont. Les hommes et les cadres épuisés s'endorment l'arme ou l'outil à la main. Il faut sans cesse les réveiller. La matinée est relativement calme, mais, dans l'après-midi, l'infanterie ennemie attaque les deux points d'appui. Sans succès, les deux bataillons résistent jusqu'au soir. Dans l'après-midi, le chef de corps rend compte de l'état d'épuisement du régiment et demande son envoi dans une zone où il serait possible de le reconstituer et de le réorganiser. L'effectif est réduit à environ quinze officiers et cinq à six cents sous-officiers, caporaux et hommes de troupe combattants. L'armement a beaucoup souffert. Les munitions sont incomplètes. Aucune réponse n'est faite à la demande du colonel Le Tacon.

À 20 h, l'ordre est donné de se replier sur les bois de Neuville-Coppegueule. Il est aussi annoncé le départ de la 2e DLC et de la mise à la disposition du 22e RIC au côté de la 40e DI. Les 1ers et 2e bataillons quittent à la nuit leurs positions pour venir bivouaquer dans les bois de Neuville-Coppegueule. Le PC du régiment s'installe au village. Dès son arrivée, le lieutenant-colonel Le Tacon envoie le lieutenant Poulain, officier de liaison, prendre des instructions auprès du général André Durand de la 40e division d'infanterie. Il les rapportera le 8 juin vers 4 h. Au cours de la journée du 7 juin, de nombreux sous-officiers et soldats ont été tués ou blessés.

© Collection privée : officiers du 22ᵉ RIC

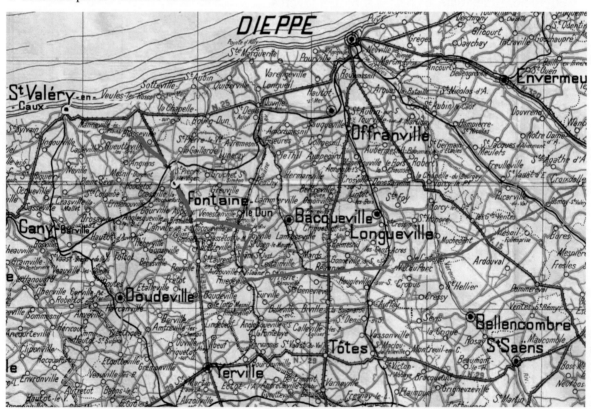

© Carte du parcours en Seine-Inférieure du 22ᵉ RIC, il traverse les villes de Croixdalle, Notre-Dame-du-Parc, Auzouville-sur-Saâne, Biville-la-Rivière, Brametot, Fontaine-le-Dun, Saint-Pierre-le-Viger, Blosseville et arrive finalement à Manneville-ès-Plains.

Le 8 juin 1940, les ordres du général commandant la 40ᵉ DI sont complétés par le colonel commandant l'infanterie divisionnaire de la 40ᵉ DI dont le poste de commandement se trouve à Neuville-Coppegueule.

En conséquence, à 8 h, le chef de corps prescrit aux commandants des deux bataillons d'aller tenir les passages de la Bresle : le 1ᵉʳ bataillon de Saint-Léger-sur-Bresle à Vieux-Rouen-sur-Bresle, le 2ᵉ bataillon de Saint-Léger-sur-Bresle à Guimerville.

Le poste de commandement du régiment s'installe à Campneuseville.

Vers la fin de la matinée, les bataillons sont sur leurs positions, les destructions prévues sont préparées et en partie mise en œuvre.

Au cours de la journée, le régiment qui est en deuxième position n'est pas inquiété. À 20 h, le régiment reçoit l'ordre de la 40ᵉ DI de se replier sur les bois situés à l'ouest de Londinières et de diriger son train auto sur Évreux.

© Photographie du lieutenant Bérard

Le déplacement est pénible, l'étape est d'environ 25 à 30 km, les hommes sont exténués.

Sous la conduite du lieutenant Boëry, officier-dépanneur, le train auto franchira la Seine, échappera aux Allemands et parviendra fin juin à Montauban. Le drapeau du régiment porté par le lieutenant Bérard sera ainsi sauvé.

© Collection famille Lacroix : commandant Henri Lacroix devant le char.

Le 9 juin 1940 (Rommel est à Rouen), vers 8 h, le bois de Croixdalle est atteint. Le régiment y stationne toute la journée. Il est constamment survolé par l'aviation ennemie, mais il ne subit aucune perte. Cadres et hommes peuvent se reposer un peu, mais aucun ravitaillement ne leur parvient.

À 18 h, ordre est donné de se replier sur la zone de Notre-Dame-du-Parc. À 20 h, le déplacement commence. La route embouteillée par les convois de réfugiés et de troupes ne permet aux bataillons d'atteindre leurs emplacements que vers 8 h le lendemain.

Le 10 juin 1940, les bataillons s'organisent défensivement autour du poste de commandement de la 40ᵉ division d'infanterie du général André Durand. À 11 h, le train hippomobile est dirigé sur Doudeville qu'il n'atteindra pas. Il sera encerclé et capturé dans l'après-midi.

À 12 h, le général commandant la 40ᵉ DI prescrit de se replier par échelons successifs sur Doudeville. Le mouvement s'opère à partir de 14 h.

À 20 h, les bataillons sont arrêtés sur la coupure d'Auzouville-sur-Saâne d'où la CDT n'a pu déloger l'ennemi. Le chef de corps veut rendre compte de la situation au général André Durand, commandant la 40ᵉ DI, mais il ne peut pas le trouver. Aucune liaison ni à droite ni à gauche. Il prescrit alors aux deux bataillons de déborder le village, le 1ᵉʳ bataillon par le nord, le 2ᵉ bataillon par le sud, et, avec les artilleurs disponibles armés de mousquetons, il tente de passer par le centre. Le passage est ouvert, l'artillerie, le PC et la compagnie des transmissions passent. Après Auzouville-sur-Saâne, l'itinéraire doit être changé : l'ennemi a coupé la route vers Doudeville et un combat de nuit est peu désirable avec un si long et si lourd convoi. Après avoir regroupé le régiment au premier village après Auzouville-sur-Saâne, le lieutenant-colonel Le Tacon dirige alors la colonne éclairée par les motocyclistes vers le nord et il la conduit au jour à Brametot, après avoir traversé Biville-la-Rivière.

Le 11 juin 1940 (Rommel et sa 7ᵉ division de blindés sont à Veulettes-sur-Mer), à Brametot, l'artillerie se dirige vers Veules-les-Roses. La situation de l'ennemi, l'emplacement des troupes amies, tout cela leur est inconnu. Le colonel Le Tacon arrête le régiment et se rend à Veules-les-Roses distant de quelques kilomètres. Il y trouve le général Marcel Ihler, commandant le 9ᵉ corps d'armée qui lui fait des éloges sur le régiment et lui demande de s'installer sur la coupure de Fontaine-le-Dun.

Le lieutenant-colonel Le Tacon ne dispose pas d'autre carte que de la carte Michelin. La route est encombrée de camions, de convois et de troupes de fuyards. Le régiment, remis en route, est arrêté à 6 km de Veules-les-Roses, où il s'installe sur un plateau offrant des vues et des champs de tir magnifiques, à cheval sur la grande route, entre Fontaine-le-Dun et Veules-les-Roses.

Vers 12 h, le lieutenant-colonel Le Tacon tente d'en rendre compte au général Marcel Ihler commandant le 9e corps d'armée (9e CA), mais la route est complètement obstruée et la circulation est impossible.

Le sous-lieutenant Rodolphe-André Benon indique que dès son retour, le colonel Le Tacon donne ses instructions. Il précise que le 22e RIC doit participer à la défense de Veules-les-Roses en s'installant sur le plateau à l'est de Silleron, qui va s'inclinant en pente douce vers la vallée du Dun, à proximité de la route de Fontaine-le-Dun à Veules-les-Roses. L'ordre du général Marcel Ihler est de tenir sur place.

De 10 h à 13 h, les bataillons organisent leurs positions. Les hommes qui ont marché sans interruption pendant quarante heures sont à bout de force. Néanmoins, des abris individuels et des emplacements d'armes sont creusés. Les Britanniques de la 51e division écossaise se sont installés entre 300 et 400 m en arrière du 22e RIC. Le PC du régiment est installé dans une ferme à 500 m en arrière des bataillons.

© Collection Nara : la 7e division de blindés de Rommel partant de Veulettes-sur-Mer, au matin du 11 juin 1940 vers Saint-Valery-en-Caux.

À 15 h, un violent tir d'artillerie s'effectue sur les positions du 22ᵉ RIC et celles de la 51ᵉ division écossaise. Ils subissent de nombreuses pertes. L'attaque ennemie comprenant plus de 100 chars se dirige sur Veules-les-Roses par la gauche et le 22ᵉRIC reste jusqu'à la nuit sur ses positions.

À 21 h, le chef de corps, estimant qu'il n'a aucune liaison, ni à droite ni à gauche, ni avec la division, estimant par ailleurs qu'il ne fait plus face à l'ennemi, prescrit un repli d'environ 1500 m et vient se placer à la lisière d'un village, face à l'est. Des renseignements reçus par le commandant du 1ᵉʳ bataillon, il ressort de cela que la 24ᵉ demi-brigade s'est repliée sur Saint-Valery-en-Caux en vue d'un embarquement. Le chef de corps esquisse un repli sur ce petit port, mais l'officier de liaison envoyé à Saint-Valery-en-Caux n'ayant pu obtenir d'instruction, il fait réoccuper les positions dans la soirée. Au cours de la journée, de nombreux sous-officiers et hommes de troupe ont été tués ou blessés. Deux officiers ont été tués : les lieutenants Marquet et Leraitre, trois ont été blessés : les lieutenants Thirard et Grandjon, le sous-lieutenant Fabre (non évacué). A également été blessé le capitaine Montoy du 53ᵉ RICMS.

Le 12 juin 1940, la nuit se passe sans incident. Au jour, la liaison est recherchée, mais nous sommes seuls. Le chef de corps prescrit alors le repli par échelon sur Saint-Valery-en-Caux où il se rend rapidement. Il trouve un PC où un général lui fait connaître que l'ordre de capituler a été demandé et que cet ordre ne saurait tarder. Il revient alors au régiment et l'arrête au village de Manneville-ès-Plains que traversent des troupes françaises et des troupes britanniques sans arme et sans équipement. Le régiment est à peine arrêté qu'une attaque de chars est signalée. La ferme située au sud de Manneville-ès-Plains est rapidement organisée, les canons de 25 mm, les mitrailleuses et les fusils mitrailleurs sont rapidement mis en batterie.

Le régiment tient là jusqu'à 12 h 15, malgré les chars ennemis qui se sont positionnés derrière les levées de terre boisées autour de la ferme et qui tirent sur tout ce qui se montre et canonnent les bâtiments de la ferme. L'étable dans laquelle le PC est installé est traversée par 9 obus de chars.

À 12 h 15, les commandants des bataillons viennent rendre compte que les munitions sont épuisées et qu'il ne reste plus que quelques cartouches de mitrailleuse. Le lieutenant-colonel Le Tacon décide alors de cesser le feu pour éviter la destruction de ce qui reste du 22ᵉ RIC. Mais, il n'a pas besoin de donner cet ordre : à ce moment, la ferme est occupée par l'ennemi et officiers et hommes de troupe sont faits prisonniers. Le sous-lieutenant Benon est blessé et une trentaine de sous-officiers et d'hommes de troupe sont tués ou blessés. Le régiment ne compte plus que 250 à 300 sous-officiers, caporaux et hommes de troupe et 16 officiers :

- Le lieutenant-colonel Le Tacon, commandant le régiment,
- État-major du régiment : chef de bataillon Joanne et lieutenant Poulain,
- Compagnie des transmissions (CDT) : lieutenant Sigallon et sous-lieutenant Fabre,
- Compagnie régimentaire d'engins (CRE) : lieutenant Lacroix,
- Compagnie hors rang (CHR) : lieutenant Lecat et pharmacien-lieutenant Valladier,
- 1ᵉʳ bataillon : capitaine Gavouyère(1), médecin-lieutenant Hautin, lieutenant Franco,
- 2ᵉ bataillon : capitaines Sérole et André, médecin-capitaine Comte, lieutenants Miteaux-Maurouard et Roybon.

La guerre est finie pour le 22ᵉ régiment d'infanterie coloniale, en ce 12 juin 1940 à Manneville-ès-Plains, à côté des falaises de la Côte d'Albâtre.

(1)   Le capitaine Gavouyère deviendra colonel de ce régiment en 1947.

Le colonel Le Tacon écrira ces quelques lignes dans son camp de prisonniers :

« Au cours des combats offensifs menés victorieusement durant la période du 28 mai au 2 juin 1940 et au cours des combats en retraite qui se sont déroulés presque sans trêve du 5 au 12 juin 1940, le régiment a donné toute sa mesure. Prêté successivement aux : 4e division cuirassée, 51e division britannique, 2e division légère de cavalerie, 40e division d'infanterie, il a été employé jusqu'à l'extrême limite de ses moyens et de ses forces, accomplissant toujours avec succès les tâches, même les plus ingrates, qui lui étaient confiées.

Aussi lorsque le 12 juin 1940, à 12 h 45, il a dû cesser le feu alors que l'ordre en était fixé à 8 h, c'est parce qu'il avait épuisé ses munitions et qu'il ne pouvait lutter avec ses quelques mitrailleuses en l'état et avec ses quelques fusils contre les chars tenus en échec pendant deux heures. Il ne comptait plus à ce moment que 13 officiers et 250 à 300 sous-officiers et soldats en état de combattre. Tous ceux qui ont pris part à ces combats se sont montrés les dignes successeurs des héros de Beauséjour. Leur chef est fier d'avoir commandé depuis la mobilisation un tel régiment qui a, par sa brillante conduite, son esprit de sacrifice et d'abnégation, ajouté de nouvelles pages de gloire à celles déjà nombreuses du 22e RIC. Le colonel adresse à tous ses plus sincères et plus affectueuses félicitations. Il demande à ceux qui restent de conserver pieusement le souvenir des héros tombés sur le champ de bataille, de porter aide à leurs familles, de se porter pendant la paix, comme ils l'ont fait pendant la guerre, un appui fraternel. Il leur demande aussi de garder intact l'esprit qui animait ce magnifique régiment que chacun appelait avec tant de fierté : "Mon beau 22e RIC" ».

Camp de Kreuzburg Oflag VIII en Silésie, le 17 août 1940

Signé : « Le Tacon »

© Ceremonie à Manneville-ès-Plains en juin 2022 pour honorer les soldats du 22e RIC de juin 1940 en présence des soldats du 22e RIMA d'Angoulême. Cour de la Ferme où les soldats du 22e RIC se sont rendus, le 12 juin 1940.

Le sous-lieutenant Rodolphe-André Benon

Le sous-lieutenant Rodolphe-André BENON

Il est né le 14 juin 1917 à Lyon.

Il est un saint-cyrien de la promotion 1938-1939.

Il est nommé sous-lieutenant le 2 septembre 1939 au 22e régiment d'infanterie coloniale en qualité de chef de section de mitrailleuses.

© Le sous-lieutenant Benon.

Le combat à Manneville-ès-Plains

Le sous-lieutenant Rodolphe-André Benon appartenant au premier bataillon du 22e RIC nous relate les faits survenus à Manneville-ès-Plains le 12 juin 1940 :

« Le lieutenant-colonel Le Tacon prescrit un repli par échelon sur Saint-Valery-en-Caux où lui-même nous précède pour prendre les ordres.

Arrivant vers 9 heures à l'entrée de Manneville-ès-Plains, à deux kilomètres de Saint-Valery-en-Caux par la route de Blosseville nous retrouvons notre colonel qui nous annonce que nous avons ordre de nous rendre, ajoutant aussitôt : *"Dans la coloniale, on n'a encore jamais vu un régiment se rendre sans combattre. Souhaitez-vous être le premier ?".* Sans attendre la réponse, il enchaîne : *"Alors, suivez-moi !"* se dirigeant vers la cour d'une grande ferme comportant plusieurs bâtiments, il nous donne ordre de la mettre en état de défense. Sans un mot, tous les hommes le suivent pour cet ultime combat, sans espoir, sans autre alternative désormais que la mort ou la captivité, un combat pour l'honneur, 70 ans après Bazeilles parce que dans la coloniale selon la tradition on ne se rend pas sans combats.

À peine installés en lisière de la cour de la ferme, nous entendons le grondement sourd caractéristique du roulement des chenilles de chars ennemis qui se rapprochent et bientôt défilent de part et d'autre de la cour de ferme en mitraillant, et canonnant notre position.

Atteint par un obus incendiaire, l'un des bâtiments en feu doit être évacué.

© Photo de l'auteur : Cérémonie de Manneville-ès-Plains dans la cour de la ferme où les soldats du 22e RIC ont combattu, jusqu'au 12 juin après-midi, face aux chars allemands.

© Photo de l'auteur : cour de la ferme, du dernier combat avant la reddition du 12 juin 1940 pour les soldats du 22e RIC à Manneville-ès-Plains.

Les chars tirant à balles traçantes, la cour de la ferme est balayée d'éclairs mortels. Malgré ce déluge de feu, nous nous opposons pendant près de 3 heures à toute infiltration de l'infanterie qui accompagne les chars.

Vers 11 h 30, je me rends auprès du capitaine Sérole, à qui le lieutenant-colonel Le Tacon a confié le commandement, pour lui rendre compte qu'à la 2ᵉ compagnie et au groupe de mitrailleuses qui l'appuient, nous serons d'ici une demi-heure à court de munitions. Sortant de la grange qui fait office de PC pour rejoindre mon poste de combat, je suis interpellé par le sergent Papadacci qui sert un canon de 25 mm antichars, accolé au puits au milieu de la cour.

Son canon vient de s'enrayer.

M'élançant pour lui venir en aide, je suis fauché par une rafale de mitrailleuse de char.

J'entends le capitaine Sérole lancer un ordre bref.

Aussitôt, deux hommes bondissent de la grange me saisissant l'un par les épaules, l'autre par les jambes pour me tirer à l'abri, tandis que la mitrailleuse ennemie redouble son tir.

Couché dans le foin avec d'autres blessés, une demi-heure plus tard, j'entends le capitaine Sérole ordonner le cessez-le-feu qu'un clairon sonne pour la dernière fois, alors que le lieutenant-colonel Le Tacon vient de faire apparaitre un mouchoir blanc à la porte du bâtiment d'en face.

Les armes sont mises hors d'usage.

Les Allemands pénètrent dans la cour de la ferme, et font prisonniers, les derniers survivants.

Ce matin-là, le 22ᵉ R.I.C a encore perdu une trentaine des siens ou blessé. »

Pour le sous-lieutenant Benon, et ses camarades de combat du 22ᵉ RIC, le bilan est très lourd, le régiment ne compte plus que 400 hommes sur 3091 soit 13 % de l'effectif initial.

La bataille à Manneville-ès-Plains est terminée et les derniers soldats du 22ᵉ RIC sont emmenés vers les camps de prisonniers à pied.

Pour le 55e anniversaire de ces combats, l'amicale des anciens du 22e régiment d'infanterie de marine a fait apposer sur le mur du bâtiment d'entrée de la ferme de Manneville-ès-Plains une plaque commémorative sur laquelle on peut lire :

« Le 12 juin 1940, le 22e régiment d'infanterie coloniale après quinze jours de combat, réduit à moins de 400 hommes sur 2500, a tiré ici ses dernières cartouches pour l'honneur. »

Le capitaine Benon écrira à propos de cette plaque :

« Afin que les populations se souviennent qu'ici, le 12 juin 1940, il s'est trouvé des hommes comme eux, agriculteurs, ouvriers, employés, commerçants, artisans, etc. Ces hommes se sont mobilisés pour la défense de leur pays, ils ont un dernier geste de défi, en opposant leurs poitrines, aux blindés ennemis, montrant ainsi leur fierté d'appartenir à une patrie que l'on ne renie pas malgré les erreurs et ses faiblesses, en affichant le courage de faire face malgré tout à l'implacable supériorité matérielle de l'adversaire et la volonté farouche de ne pas s'y soumettre, laissant déjà présager ce que serait quelque temps plus tard la résistance à l'occupation. »

Le capitaine Rodolphe André Benon, ce héros de juin 1940, s'est éteint le 20 octobre 2012 à 95 ans.

© Photographie prise à Manneville-ès-Plains en 1995. À droite, Rodolphe-André Benon

© Photo de l'auteur : fanion du 22e RIC de juin 1940.

Le sergent-chef Émile Ravoire

Le Sergent-Chef Émile Ravoire, du 22ᵉ R.I.C, nous raconte son embarquement sur un bateau à Veules-les-Roses :

« Le 6 juin 1940, j'ai été légèrement blessé par un éclat d'obus à l'avant-bras gauche, à Fontaine-le-Sec. Toutefois, je n'ai pas demandé d'être évacué et j'ai fait la retraite avec les restes du régiment jusqu'au 11 juin.

Ce jour-là, à Fontaine-le-Dun, mon bras était enflé, j'ai demandé au sous-lieutenant Benon à me rendre au poste de secours. C'est le médecin-major du régiment qui m'a emmené en voiture à Veules-les-Roses.

Les blessés de toutes les unités étaient rassemblés dans une grotte. Nous étions nombreux. Le 12 juin au matin, un médecin-commandant est venu nous dire : *"Ceux qui peuvent marcher, suivez-moi"*. Il nous a conduits à une grande barque où nous nous sommes entassés à 20. Nous sommes partis à la rame, accompagnée de quelques rafales de mitrailleuses.

Nous avons rejoint un bateau côtier, nommé le "Marie-Louise" sur lequel nous avons embarqué. À peine, celui-ci avait-il levé l'ancre, nous avons été pris à partie par une pièce d'artillerie allemande qui a réussi un coup au but, en plein milieu du bateau.

© Collection mairie de Veules-les-Roses : Photographie prise le 12 juin 1940, et à gauche de celle-ci, le "Cérons" échoué devant la falaise de Veules-les-Roses

L'eau a commencé à pénétrer dans la cale.

La "Marie-Louise" était en train de couler, lorsque deux remorqueurs belges sont arrivés à notre secours. Ils nous ont emmenés jusqu'à un navire de guerre anglais qui croisait au large.

Le 13 juin 1940, nous avons débarqué à Southampton.

Le même jour, je suis hospitalisé et jusqu'au 20 juin. Le 21 juin 1940, on m'accueille dans une maison de convalescence. Nous avons entendu l'appel du général de Gaulle le 18 juin à Londres.

Des émissaires gaullistes auraient, parait-il, voulu venir nous solliciter, mais les Anglais s'y sont opposés. Ce sont les Britanniques qui sont venus demander à chaque Français hospitalisé, s'il voulait rester avec le général de Gaulle, ou s'il préférait rentrer en France.

Le 2 juillet 1940, les Français qui ont souhaité rentrer en France sont transférés par le train à Portsmouth, où nous avons embarqué le soir à 22 heures.

Le lendemain matin, nous avons découvert que nous formions un convoi de 20 cargos, à raison de 1000 hommes par bateau. Durant toute la durée du trajet, nous avons été escortés par un navire de guerre, et un avion nous survolait en permanence.

Arrivé à Casablanca le 9 juillet 1940, j'ai fait encore un séjour à l'hôpital jusqu'au 25 juillet, date à laquelle j'ai rejoint le dépôt des isolés coloniaux. Le 25 août 1940, j'ai quitté Casablanca pour rejoindre Oran par le train, d'où j'ai embarqué pour Marseille où 24 heures plus tard j'étais démobilisé ».

© Photographie de l'auteur : inauguration de la stèle à la mémoire du 22ᵉ RIC sur la falaise d'aval de Saint-Valery-en-Caux, le 23 juin 2022. À gauche le président de l'amicale du 22ᵉ RIC, Christian Lacroix.

Le sergent-chef Roger Gaydon

© Collection privée : des soldats français prisonniers et fouillés par les Allemands après la reddition du 12 juin 1940.

Pour les autres camarades d'Émile Ravoire, ils ont eu moins de chance !

Ils ont été faits prisonniers et une longue route devait les mener dans un camp de prisonniers en Allemagne.

Le Sergent-Chef Roger Gaydon de la 6e compagnie du 22e RIC nous retrace son périple de prisonniers de guerre et de son évasion :

« Je suis fait prisonnier le 12 juin 1940 à Veules-les-Roses, j'ai, comme les autres, brutalement sombré dans une sorte de torpeur avachie.

La fin de la tension de la lutte ajoutée à l'extrême fatigue physique et nerveuse et le manque de nourriture expliquent le désintérêt total que nous éprouvions pour tout ce qui nous était extérieur. De plus, tout en ayant conscience que je n'avais pas démérité, je me sentais humilié et confusément coupable.

Ce sentiment était, je crois, partagé par un très grand nombre. Dans les colonnes de prisonniers, nous étions isolés du monde extérieur. Nous étions du bétail, conduits de jour par nos gardes comme un troupeau l'est par ses bergers et leurs chiens. La nuit, nous étions parqués dans les champs, sans-abri, toujours comme du bétail. Nos itinéraires évitaient toutes les localités un peu importantes. Dans les villages que nous traversions, très souvent les portes et les fenêtres se fermaient sur notre passage, comme si nous étions des pestiférés. Il y eut peut-être des gestes charitables d'habitants envers les prisonniers de passage, mais je n'en ai pas vu et je n'en ai pas entendu citer. Je devais m'apercevoir assez vite que, même chez les prisonniers, il y avait deux catégories : ceux qui s'étaient battus et les autres, ceux des « services ». Ceux-ci ne donnaient pas l'impression d'avoir vraiment souffert. Ils avaient encore de l'énergie en réserve et l'utilisaient surtout pour s'emparer les premiers du ravitaillement que l'on nous apportait le soir.

J'ai fait partie d'une colonne de prisonniers acheminés, à pied bien entendu, vers le sud-est jusqu'à Forges-les-Eaux, à 40 km au nord-est de Rouen, où nous eûmes quelques jours d'arrêt, installés dans le Casino.

Puis, nous avons repris la route, en direction du nord cette fois. Les nuits se passaient dans les prairies que les Allemands entouraient d'un fil de fer barbelé. La nourriture était très réduite : le soir, on nous distribue un morceau de pain accompagné d'un ersatz de charcuterie ou de fromage. Jamais rien de chaud. Ce n'était pas de la brimade de la part des Allemands, mais ils étaient vraiment débordés par les problèmes que posait cette masse de prisonniers...

À Lille, où j'arrivais dans les premiers jours de juillet, je fus déposé dans une caserne baptisée « hôpital complémentaire », car elle était réservée aux blessés légers. J'y fus gardé un mois environ, ce qui me permit non seulement de me reposer... mais surtout d'échapper aux convois vers l'Allemagne à travers la Belgique. Guéri, je rejoignis une autre caserne de Lille transformée en camp de prisonniers.

Un après-midi, assis au pied d'un arbre, je surprends la conversation de deux hommes, assis de l'autre côté de l'arbre, deux savoyards qui parlaient du pays. Je reçois comme un électrochoc ! L'envie de revoir nos montagnes s'impose à moi et je décide sur le champ de partir avant l'automne. Le premier résultat de mes réflexions est qu'il est nécessaire de me procurer des vêtements civils. Pour cela, il faut avoir des contacts avec l'extérieur, donc partir en corvée.

Je me renseigne sur les diverses corvées et commence par celle du Service central de tri postal de l'armée. Un car vient nous prendre chaque matin et il nous ramène dans l'après-midi. Le travail est facile.

© Collection IWM : colonne de prisonniers français de la reddition du 12 juin 1940.

Les Allemands, tous des sous-officiers de réserve, anciens de 14-18, sont sympathiques et ferment les yeux sur nos sorties au bistrot d'en face. Mais pas de facilités pour trouver des vêtements civils.

Après divers essais infructueux, je découvre une corvée de choix. Nous sommes emmenés à l'extérieur de la ville dans une propriété réquisitionnée par un état-major de la DCA. Nous sommes bien nourris ; il suffit à midi de se présenter à la roulante avec un récipient. Celui-ci est rempli à ras bord, quelle que soit sa contenance, du plat unique qui semble de tradition dans l'armée allemande.

J'ai pris l'habitude, après ce repas, de me promener dans le parc enclos de murs de cette propriété. Un jour, j'entends une clé jouer dans la serrure d'une petite porte de la clôture. Je vois entrer une dame vêtue de noir, d'allure distinguée. En m'apercevant, elle a un mouvement de recul. Je la rassure et lui explique qui je suis et la raison de ma présence dans le parc... Pris d'une inspiration subite, je lui expose mon problème vestimentaire. Elle me regarde des pieds à la tête, réfléchit et déclare qu'elle pense pouvoir faire quelque chose.

Elle revint le lendemain et me remit un paquet dont le contenu dépassait tout ce que j'avais osé espérer : complet veston gris avec chemise blanche, cravate noire, chaussettes et souliers noirs, béret basque. J'étais transporté de joie et ne savais comment exprimer ma reconnaissance. Elle me dit alors : *« J'ai un fils de votre âge, de votre taille et il est aussi prisonnier. Ce que je fais pour vous, je souhaite que quelqu'un le fasse pour lui, si l'occasion se présente »*.

Je regrette toujours de n'avoir pas osé demander à cette dame comment rentrer en relation avec elle plus tard. J'avais un plan pour prendre le large. Au cours d'une corvée à la gare de marchandises, j'avais remarqué un portail grand ouvert toute la journée. Dès que possible, je m'intègre à cette corvée, mes effets civils serrés dans une musette. Sur le quai où les équipes sont ventilées aux différents chantiers, je refuse de travailler étant sous-officier : « Unteroffizier... nixt arbeit ! ».

> « Nixt ».
>
> La majorité des Français comprenait « nixt » le « nicht » prononcé par les Allemands. Aussi employait-elle « nixt » quand elle disait « non » à un Allemand.

La sentinelle, qui ne comprend pas le français, finit par céder et part en haussant les épaules et en secouant les bras. Lorsque plus un Allemand n'est visible, je pars d'un pas de promenade le long du quai, traverse les voies d'un air dégagé et franchis le portail. Je rentre dans un café déjà repéré de l'autre côté de la rue. Par chance, il est vide. Le patron lave des verres derrière le comptoir.

Je m'approche et lui dis : *« je viens de m'évader. Donnez-moi un endroit pour changer de vêtements, puis je partirai »*. Il pâlit, rougit, s'affole, puis me jette littéralement dehors. Je suis décontenancé, car dans ma naïveté, je pensais que tout Français aurait à cœur d'aider un prisonnier évadé.

Tout mon plan s'écroule et je comprends que je dois étudier mon affaire avec beaucoup plus de sérieux. Il ne suffit pas de sortir des rangs, il faut savoir où aller. Je rentre au camp avec la corvée pour reprendre la question à zéro.

Je ne me souviens plus des circonstances qui me font m'associer avec deux autres sous-officiers pour un départ commun. Ils pensent, comme moi, que le tout n'est pas de sortir du camp, mais de pouvoir atteindre la zone libre et, pour cela, être capable de circuler en zone occupée sans attirer l'attention. Ils disposent de vêtements civils.

Les Allemands ne connaissant pas avec exactitude l'effectif des prisonniers du camp, il était sous-évalué grâce aux efforts des quelques Français employés comme secrétaires, notre disparition peut passer inaperçue un certain temps à condition de ne pas sortir avec une corvée.

L'effectif des corvées est en effet soigneusement vérifié au départ et au retour. L'un de nous ayant réussi à subtiliser un « Ausweiss » s'entraîne à imiter la signature de l'officier allemand commandant le camp. Nous pouvons donc créer une corvée fictive ne figurant pas sur la liste officielle.

Nous découvrons que tous les matins, un Français âgé vient avec un tombereau enlever les eaux grasses des cuisines. Nous pouvons essayer de partir avec lui. Mais il faut que le chef du poste de police trouve cette corvée plausible et nous achoppons là-dessus. Le commandement allemand vient à notre secours.

Par crainte de fraternisation entre ses soldats et les prisonniers, il décide que la garde serait relevée toutes les vingt-quatre heures, à onze heures du matin. Nous pouvons tenter notre chance. Si le sous-officier-chef de poste n'a jamais assuré de service au camp, nous réussirons presque à coup sûr.

Le jour où nous décidons de partir, après une heure passée à déjouer les patrouilles de fouille des bâtiments, nous nous postons à l'angle d'un mur, hors de la vue de l'entrée de la caserne, sur le parcours du tombereau. Nous nous sommes munis de pelles et de pioches pour faire plus vraisemblables.

Au passage de la voiture, nous nous asseyons deux à l'arrière, et le plus âgé, près du vieux, pour lui expliquer le coup. Il encaisse sans manifester de surprise et nous arrivons au portail. Le sous-officier allemand examine soigneusement l'ausweiss, nous compte, puis fait signe d'ouvrir le portail.

Dans la rue, nous nous maîtrisons pour garder l'allure nonchalante des prisonniers sans ardeur. Mais dès que le tombereau tourne dans une rue hors de vue du camp, nous nous précipitons dans l'entrée d'un immeuble. Nous avons vite fait de changer de vêtements et de planquer nos effets militaires sous l'escalier.

Nous savons où aller : au 40 de la rue de Douai. C'est l'adresse que nous avions obtenue au camp par je ne sais plus quelle combine. Nous sommes surpris de nous trouver devant une « maison close ». Nous sommes conduits au grenier où une petite pièce sert de dortoir, avec des matelas sur le sol. La nuit, des bruits furtifs nous alarment.

Ils sont produits par deux hommes portant de longs paquets enveloppés de toile à sac. Ceux-ci contiennent des armes récupérées dans les environs de Lille et stockées là pour le cas où !

Au jour, nous recevons la visite du médecin-lieutenant français du camp. Il peut circuler à sa guise et a contribué au montage de la filière d'évasion. Il établit pour chacun de nous des papiers de réforme médicale, avec en-tête officiel et tampon. Nous avons évidemment de faux noms.

Au milieu de la nuit suivante, un homme vient nous chercher. C'est un cheminot. Il nous explique qu'il va nous conduire à un endroit de la voie ferrée où nous pourrons monter dans un train allant à Paris.

Nous le suivons en file indienne très espacée pour ne pas attirer l'attention, car le couvre-feu interdit la circulation. Par de petites rues discrètes, il nous amène à un poste d'aiguillage : « *Un train va s'arrêter sur cette voie, à votre hauteur, à 2 h 30 environ. Montez dedans séparément et installez-vous discrètement sans vous inquiéter de ce qui pourra vous paraitre anormal.* » Il nous donne aussi les consignes pour l'arrivée à Paris.

À l'heure dite, un train survient et s'arrête comme prévu. Nous montons, chacun dans un wagon différent. Stupeur ! Le train est plein de militaires allemands qui reviennent de permission. Je me cale sur une banquette entre deux soldats et essaie de me faire oublier... À l'arrivée à Paris, nous nous retrouvons sur le quai et allons ensemble à « La Chope Marcadet », l'adresse qui nous a été donnée à Lille. Le contact se passe très bien, la filière fonctionne sans un raté. Nous devons aller à Dijon dans un certain café et nous faire reconnaître par une phrase convenue. Nous recevrons alors les indications nécessaires pour franchir la ligne de démarcation. Pas de consignes particulières pour le voyage en train. Nous prendrons des billets comme tout le monde et il n'y a pas de contrôle de police entre Paris et Dijon...

À Dijon, nous trouvons facilement le relais indiqué. Nous sommes les seuls consommateurs, aussi je vais au comptoir et murmure à l'homme qui s'y trouve la phrase de reconnaissance. Pas la moindre réaction chez mon interlocuteur : ni incompréhension ni étonnement. Je répète deux fois la phrase, de plus en plus fort. Même absence de réaction. Je reviens à notre table : « *Partons vite ! Il y a quelque chose d'anormal…* »

Un peu plus tard, nous décidons qu'il est préférable que chacun tente sa chance, seul. Nous avons l'impression en restant groupés d'attirer l'attention. Mais, à force de déambuler dans les rues, j'éprouve le besoin de me reposer.

En passant devant une église, l'idée me vient qu'il doit faire bon à l'intérieur et que je pourrais me reposer et réfléchir calmement dans le silence et la pénombre, à l'abri des regards curieux. Une filière est rompue, mais il doit être possible d'en mettre une autre sur pied avec l'aide des scouts de France auxquels je peux me présenter en tant qu'ancien de la troupe de Cluses.

Je vais à la sacristie et découvre une personne très âgée, de sexe indéterminé. Je lui déclare vouloir rencontrer un aumônier scout, ce qui la plonge dans un abîme de perplexité. Elle ne sait que répondre et me fait signe de la suivre jusqu'à une cour où un prêtre, très âgé lui aussi, lit son bréviaire en marchant. Je répète ma demande et il n'a pas une seconde d'hésitation : « *Il faut en parler à Monseigneur* ». Je suis interloqué. Pourquoi déranger l'évêque pour une affaire qui me semble, somme toute, banale ? Nous montons à l'étage d'un bâtiment, entrons dans une pièce assez vaste, mais monacale qui doit servir de chambre et de bureau. Dans un fauteuil de bois et paille, d'apparence inconfortable, est assis un prêtre si âgé qu'il me fait penser à une momie vivante : c'est le Monseigneur en question. Le hasard a dû me faire entrer dans un centre de retraite pour ecclésiastiques hors d'usage et hors d'âge.

Monseigneur m'écoute sans broncher, puis il ferme les yeux et parait s'assoupir. Je suis sur le point de m'éclipser sur la pointe des pieds quand les paupières se soulèvent et une voix faible, mais nette prononce : « *Le chanoine Kir…, oui, il faut voir le chanoine Kir…, lui, saura ce qu'il faut faire* ». Ayant toujours en tête l'idée d'un entretien avec un aumônier scout, je suis très surpris d'apprendre qu'il me faut aller à la mairie pour voir ce chanoine. Arrivé devant la mairie, j'ai un instant d'hésitation. Une immense banderole blanche porte en grandes lettres noires : « KOMMANDANTUR ». Je me décide cependant à entrer et me renseigne.

Le chanoine Kir est au premier étage, dans une pièce si vaste qu'il doit s'agir du grand salon de réception du bâtiment. À gauche en entrant, derrière une table de bureau très longue, se tient un prêtre à grosse tête, d'allure trapue, mais de courte taille à juger par ce qui dépasse de la table. Des bancs et des chaises sont disposés le long des murs, voilà tout le mobilier.

Les personnes assises viennent à tour de rôle expliquer leur cas au prêtre. Quand vient mon tour, je me colle à la table, me penche le plus possible vers mon interlocuteur et murmure : « *Je suis un évadé* ». « *Quoi ?* » rugit le chanoine en portant les mains en cornet à ses oreilles. Je répète et au troisième « *Quoi ?* », je crie presque : « *Je suis un évadé* ». « *Ah ! C'est très bien ! Mais il fallait le dire* », s'exclame le prêtre soudain tout réjoui.

Puis, tendant le bras gauche vers une fenêtre qui doit être au sud, il ajoute : « *Il faut aller par-là* ». « *C'est bien mon intention, mais je ne sais pas comment faire* ». Il écrit quelques lignes sur une feuille de papier et me la tend : « *Va à cette adresse, dis que tu viens de ma part et, tu verras, tout ira bien* ».

Je pars, regonflé par le dynamisme jovial et l'assurance de cet homme. À l'adresse indiquée, je suis accueilli par un couple de réfugiés alsaciens. On m'installe dans un grenier et j'ai pour consigne de passer inaperçu.

Le lendemain soir, je suis prévenu de me tenir prêt à partir en fin de nuit. Je suis emmené dans une camionnette où se trouvent déjà des femmes, un enfant et un bébé. Au jour à peine levé, nous arrivons, dans un village où, assis au café, nous devons attendre les passeurs. Ils sont deux qui arrivent une heure plus tard.

Nous les suivons et pénétrons très vite dans un bois où nous marchons en dehors de tout sentier. À leur signal, nous devrons traverser en courant un champ, qui descend en pente douce, franchir un petit ruisseau et de l'autre côté, nous serons en zone libre. L'opération s'effectue sans difficulté, j'aide la mère qui porte son bébé pour la traversée du ruisseau et la remontée de l'autre côté. Nous sommes tous très soulagés en arrivant au premier village de la zone libre.

Je cherche les gendarmes pour obtenir un bon de réquisition pour le voyage en chemin de fer. C'est une erreur. Je leur explique que les papiers que je possède sont faux, ne sont pas à mon vrai nom. Ils sont très réticents. Je vois très bien que, pour eux, un jeune homme correctement vêtu, propre et rasé, ne peut pas être un prisonnier évadé. Je préfère ne pas insister et vais à la gare prendre à mes frais un billet pour Lyon, où il me faudra trouver une correspondance pour rejoindre Toulon. Mais en gare de Lyon, la tentation est trop forte : je prends un billet pour Cluses et téléphone à nos voisins afin que maman, très malade, soit prévenue en douceur de mon évasion et de mon arrivée.

Le séjour à Cluses est de courte durée. Je dois signaler ma présence à la gendarmerie pour ne pas être considéré comme un déserteur. La brigade de Cluses, compréhensive, me laisse quarante-huit heures avant de repartir, aux frais de l'État cette fois. Je dois toutefois m'arrêter à Annecy pour me présenter à la subdivision. Là, je suis interrogé longuement par deux officiers du 2e Bureau. Je dois relater en détail les opérations, ma capture et mon évasion. J'avais retrouvé à Cluses mes affaires… aussi, j'arrive à Toulon en tenue gabardine, képi, etc. Je ne corresponds pas à l'image type du prisonnier évadé attirant la compassion. Je ne peux obtenir la permission de détente à laquelle je croyais pouvoir prétendre. C'est alors que des camarades corses m'expliquent leur combine : quelques jours avant l'arrivée à Toulon, ils faisaient la route à pied, ne se lavaient pas et ne se rasaient pas, mangeaient le moins possible.

En plus, une histoire bien arrangée d'une évasion mouvementée, et voilà comment j'obtiens trente jours de détente dans l'île de Beauté ! L'armée française me reprend en compte le 30 septembre 1940 avec la mention : « Rentre de captivité ! ! ! ! »

Le 20 janvier 1941, j'embarque pour l'Indochine, via Dakar, Madagascar et le détroit de la Sonde.

Le 1er janvier 1942, je suis nommé adjudant. Il s'agit d'une promotion automatique, en qualité d'évadé. À l'époque, à vingt-deux ans et sept mois, je pense avoir été le plus jeune adjudant des troupes coloniales ».

Le périple de Roger Gaydon se termine bien, mais pas pour d'autres soldats du 22e RIC et du 9e corps d'armée, ils sont sur la route des camps de prisonniers en Allemagne.

Et durant cinq années de captivité, ils vont travailler pour l'Allemagne et ils seront loin de leur famille.

© Collection privée : soldats français

© Collection Nara : prisonniers de guerre sur la route de l'internement vers un camp en Allemagne.

Les prisonniers de guerre du 22ᵉ RIC

Le soldat de 2ᵉ classe Germain Dossetto, qui a eu la chance d'être un survivant d'un régiment complètement décimé de la Somme au Pays de Caux va devenir un prisonnier de guerre comme tant d'autres soldats français et britanniques capturés par l'armée allemande.

Le 12 juin 1940, les soldats allemands les emmènent par la route par étapes à pied de 20 à 40 kilomètres par jour.

Voici un des parcours de nombreux soldats français vers un camp en Allemagne

France

Le 12 juin : St Valery vers Brachy, le 13 juin : Gaillefontaine, le 14 juin : Formerie, le 15 juin : Lignières-Châtelain, le 16 juin : Domart, le 17 juin : Doullens, le 19 juin : Saint-Pol, le 20 juin : Béthune, le 21 juin : Seclin.

Belgique

Le 23 juin : Tournai, le 24 juin : Renaix, le 25 juin : Ninove, le 26 juin : Alost, le 27 juin : Saint-Nicolas.

Hollande et Allemagne

Le 29 juin : Hulst, le 30 juin : embarquement à l'embouchure de l'Escaut

Le 10 juillet : internement à l'oflag V-a (Weinsberg).

© Collection Nara : prisonniers de guerre sur la falaise d'aval de Saint-Valery-en-Caux.

© Collection Nara : Prisonniers de guerre en juin 1940.

ONIS   BARBERA   MICHEL   DOSSETTO   ?
Marseille *Perpignan* *Marseille* *Marseille*

© Famille Dossetto, photo prise au stalag VI J (Fichtenhain- Krefeld)

Tous les prisonniers de guerre arrivèrent pour la majorité au cours du mois de juillet dans les camps de prisonniers. Dans le cas du stalag VI J, celui de soldats du 22e RIC entre autres, un rapport de la Croix Rouge du 14 septembre 1943 nous indique de nombreux éléments de la vie des prisonniers de guerre dans ce camp de Fichtenhain-Krefeld.

Ce rapport est rédigé par le docteur Ruggli et Thudichum. Et ils nous rapportent les faits suivants :

« L'effectif du camp est de 23 192 Français, de 608 Belges, de 3029 Polonais et de 1540 Yougoslaves.

Du côté français et belge, le personnel médical est composé de 20 médecins, d'un dentiste de 4 aumôniers, de 73 soldats sanitaires français et de 3 soldats sanitaires belges.

Les Français ont des lits de bois, à 3 étages ; ils sont très à l'étroit ; bien que le cubage d'air dépasse le minimum prescrit, l'aération n'est pas bonne ; la lumière est insuffisante.

À ce sujet, le commandant du camp nous dit qu'à l'heure actuelle 200 prisonniers seront bientôt transférés ailleurs ; en outre, une nouvelle baraque sera inaugurée un de ces jours.

Les Français manquent de tables ; on nous a répondu qu'on était en train d'en fabriquer. Les prisonniers couchent sur des planches, chacun dispose de deux couvertures. Ils ne se sont pas plaints du chauffage. Au moment de la visite, on comptait 39 prisonniers aux arrêts ; le régime y est conforme aux prescriptions.

La nourriture est considérée comme bonne et suffisante. Elle correspond aux rations habituelles ; l'homme de confiance les contrôle. On recense dans le camp trois hommes de confiance, deux Français et un Belge.

Le menu du matin est composé d'un pain de 300 grammes et d'un thé allemand, d'un gramme.

Le menu du midi est composé de 25 grammes de viande et d'os, de 750 grammes de pommes de terre, de neuf grammes de graisse et de 60 grammes de betteraves séchées.

Le menu du soir est composé de 31 grammes de fromage, de 20 grammes de margarine, de 25 grammes de sucre, de un gramme de thé allemand.

Trois Français travaillent à la cuisine, sous les ordres d'un sous-officier allemand. Le nombre des fourneaux pour préparer les vivres privés est insuffisant. On nous a promis d'installer encore un autre fourneau ou d'en construire un grand en brique.

Concernant l'habillement, 7800 Français se trouvent sans les vêtements nécessaires. Ils travaillent en sabots dans les champs ce qui provoque souvent des blessures aux pieds. Pour 360 Belges, ils n'auraient que des tenues de travail et des capotes. Ils leur manquent des pantalons et des vestes.

Pour l'hygiène, depuis la dernière désinfection d'il y a 15 jours, le camp est débarrassé des punaises ; mais les puces sont réapparues. Pour 700 soldats, on compte une vingtaine de robinets ou lavabo, ce qui est insuffisant ; mais puisqu'ils travaillent au camp, ils disposent de toute la matinée pour se laver. Les latrines sont à chasse d'eau, en nombre insuffisant, car un grand nombre sont toujours abîmées. Le commandant examinera la question des lavabos. Les prisonniers prennent une douche chaude par semaine.

Pour les soins médicaux, l'infirmerie peut accueillir de 15 à 20 malades. Ils sont traités par un médecin français. Les cas graves sont envoyés au Lazaret de Düsseldorf à Gerresheim.

Le médecin nous dit que les malades des détachements de travail rencontrent parfois des difficultés à se faire reconnaître malades. Il n'y a pas d'inaptes au service.

© Famille Dossetto : photo au stalag VI J (Fichtenhain-Krefeld) : Germain Dossetto est debout deuxième à droite.

© Collection auteur : baraquements d'un camp de prisonniers en Allemagne. Le stalag 1 A.

© Collection auteur : carte des stalags et des oflags en Allemagne et en Pologne

La station dentaire se trouve à Krefeld et elle est excellente. Un dentiste français y soigne les prisonniers. Il n'existe pas de cantine, mais les prisonniers peuvent se procurer de la bière à discrétion. La croix rouge suédoise a envoyé 10 000 lames de rasoir ; mais il en manque encore dans certains détachements. Il manque en outre des brosses à dents et de la pâte dentifrice, mais en général les prisonniers parviennent à s'en procurer.

Des envois collectifs sont adressés aux prisonniers et récemment les Français ont reçu 6996 pantalons, 11 480 chemises, 250 feuilles de cuir, 2737 caleçons, 1500 galoches et 70 paires de sabots. Les Belges reçoivent mensuellement 2 caisses à 48 boites de lait condensé de la croix rouge danoise (il manque généralement plusieurs boites). Les envois de Genève ne correspondent pas toujours au bordereau d'accompagnement. Les hommes de confiance ont constaté que le plomb de Singen est parfois intact, mais que la barre qui ferme le wagon était sciée et ressoudée. Autrefois, il est arrivé que le plomb de Singen ait été enlevé et qu'on ait mis le plomb d'une autre gare allemande.

Pour le travail, les prisonniers sont occupés dans les usines et à la campagne ; ils travaillent au maximum 12 heures par jour. Ils touchent 18 reichsmarks par mois. Dans les usines, la paye peut monter jusqu'à 45 reichsmarks.

Pour la discipline, l'esprit du camp est bon et les prisonniers jouissent d'une liberté relativement grande.

© Germain Dossetto avec ses camarades, photo prise au stalag VI J (Fichtenhain- Krefeld)

© Collection auteur : extrait d'une page d'un journal de prisonniers de guerre

© Collection privée : Fête Dieu célébrée au camp stalag 1A près de Königsberg

Dans les détachements de travail, tout dépend du chef de détachement. Les tentations d'évasion sont assez rares. Les Français ont constaté la disparition de sacs de colis entre Krefeld et les détachements, surtout ceux de chocolat et de cigarettes. Le commandant fera une enquête à ce sujet.

- **Loisirs et besoins d'ordre intellectuel et spirituel**

Au camp, 2 aumôniers catholiques et 2 aumôniers protestants français ont organisé des services religieux. La messe est dite journellement dans une petite chapelle. Le culte du dimanche a lieu dans la salle commune, qui est plus grande que la chapelle.

Les prisonniers disposent d'une belle bibliothèque. Chaque mois parait un journal du stalag en langue française. Les prisonniers jouent au football ; chaque dimanche, ils utilisent le camion de la croix rouge pour transporter l'équipe qui joue contre les détachements de travail. Par ordre de l'"ober-kommando der Wehrmacht", les matchs internationaux entre les prisonniers ne sont plus permis. En outre, ils jouent au basket-ball, au tennis, au ping-pong et peuvent même faire un peu de natation. Des cours sont donnés de temps en temps par des instructeurs-prisonniers. Il manque une salle de lecture et d'études, mais elle sera bientôt installée.

En conclusion, les deux docteurs évaluent que ce stalag semble bon par rapport à d'autres.

© Collection privée : Fête dieu célébrée au camp stalag 1A près de Königsberg

© Germain Dossetto, photographies prises au stalag VI J, ils seront libérés le 16 juin 1945.

© Collection auteur : Visite de M Scapini dans le stalag 1 A. Scapini est "l'ambassadeur des prisonniers". Son rôle est en principe d'améliorer la condition de vie des soldats-prisonniers en Allemagne et de négocier des retours anticipés.

© Collection auteur : cimetière du stalag IV B

Chaque stalag contient un cimetière où sont enterrés tous les prisonniers décédés durant leur captivité.

Chapitre 2

56e régiment d'artillerie de montagne divisionnaire

(56e RAMD)

© Insigne du régiment en juin 1940.

Historique du régiment

Le 56ᵉ régiment d'artillerie est créé le 20 mars 1906. Il sera constitué de 3 groupes de 3 batteries montées de 75 mm. Il sera rattaché à la 31ᵉ division d'infanterie. Constitué surtout à partir d'éléments venant du 3ᵉ régiment d'artillerie, il s'installe au quartier Lepic à Montpellier.

Il prend part aux manœuvres d'automne 1910 et le colonel Lancrenon, commandant le régiment, reçoit l'étendard le 14 juillet 1911 des mains du Président Loubet à la revue de Longchamp. Le 10 août 1914 après la mobilisation générale du 2 août 1914, il rejoint la région de Lunéville où, avec la 31ᵉ division d'infanterie, il participe à l'offensive en Lorraine. Après une avance d'une trentaine de kilomètres, les soldats français doivent reculer sous la pression de l'ennemi et abandonner Lunéville où le 56ᵉ RA entrera à nouveau le 13 septembre après avoir soutenu les contre-attaques dans les secteurs de Domptail et Lamath. Le mois suivant, le régiment est à Woëvre, où il participe aux opérations visant à éviter l'encerclement de Verdun. Ensuite, il est acheminé par étapes très dures, compte tenu de l'urgence, sur le front des Flandres.

Début février 1915, il est ramené dans la région d'Amiens. Un mois de repos et il rejoint la Champagne où il prend position face à la butte du Mesnil, au nord de Suippes. En septembre, il participe à l'attaque de cette butte et la « Main de Massiges » puis de la butte de Tahure en novembre. Au mois de décembre, le régiment est affecté à la défense de la cote 193. Ramené dans la région de Ville-en-Tardenois, il est mis en repos pour près de deux mois. Ce repos est mis à profit pour reconstituer des effectifs et ses moyens matériels qui ont été mis à rude épreuve depuis le début de la guerre.

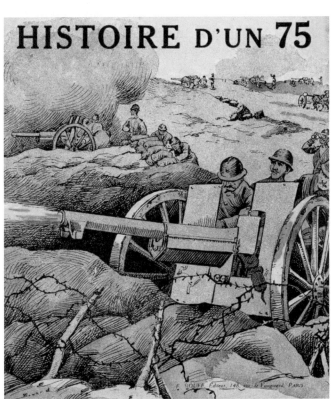

© Collection auteur : couverture de la « Collection Patrie ».

En février 1916, le régiment est mis en position dans un secteur relativement calme, à l'est de Soissons, ce qui lui permet alors d'aguerrir ses nouveaux éléments. Après quelques jours de repos dans les environs de cette ville, il fait mouvement sur Verdun au début du mois d'août. Il est engagé immédiatement et prend part aux opérations de Thiaumont, du ravin des Dames et en octobre, avec la division marocaine, il appuie les attaques sur Douamont, Bois-Bourru et son fort, les pentes de Froideterre, passant sans arrêt d'une rive à l'autre de la Meuse pour soutenir au mieux l'infanterie qu'il accompagne.

© Couverture « Collection Patrie ».

En mars et avril 1917, le 56ᵉ RAM combat au Mort-Homme et à la cote 304 dans le secteur de la fameuse patrouille du Konprinz. Il participe à l'attaque de la rivière des Forges qui dégage enfin Verdun à l'ouest. Tirant en moyenne 200 coups par pièce d'artillerie et par jour, il bat son record le 20 août avec 700 à 800 coups par pièce. Fin septembre 1917, il est au repos dans la région de Villersexel ou il se reconstitue. Dans les derniers jours d'octobre, il participe en Alsace, au coup de main sur le schonholtz. En février 1918, il appuie de ses feux le coup de main sur le pont d'Aspach (Sud des Vosges). Après un court repos dans la région de Masevaux, le régiment embarque à Belfort et, fin mars 1918, il est en Belgique face au Mont-Kemmel.

Il est de tous les combats jusqu'à fin mai. Depuis Dunkerque, il revient en Lorraine par voie ferrée pour se reformer dans la région de Lunéville qui l'a vu commencer la guerre. Il est ensuite mis en position défensive en avant de Nancy jusqu'à la fin août. En septembre, après un nouveau voyage par voie ferrée, il est en position sur l'Ailette et en octobre, il soutient au plus près l'attaque du Massif de Saint-Gobain truffé de défenses ennemies. L'avance se poursuit et, le 25 octobre, le régiment participe au franchissement de la Serre à la poursuite d'un ennemi encore agressif, mais dont la résistance commence à s'essouffler. Il est relevé dans la nuit du 3 au 4 septembre 1918. Ainsi s'achève pour le 56ᵉ RA une guerre de quatre ans qui lui a coûté 19 officiers dont 2 officiers supérieurs, 51 sous-officiers dont 5 aspirants et 3 adjudants ainsi que 387 brigadiers et canonniers. En décembre 1918, il fournit la haie d'honneur pour la réception des souverains étrangers.

Lors de la démobilisation de l'armée française, un régiment de marche est formé, regroupant le reste du 56ᵉ RA et du 256ᵉ régiment d'artillerie lourde divisionnaire. Il participe alors à l'occupation de la Sarre jusqu'en 1923. Le 1ᵉʳ janvier 1924, il redevient régiment d'artillerie divisionnaire à 5 groupes de la 31ᵉ division d'infanterie. Le 15 octobre 1924, il perd les 4ᵉ et 5ᵉ groupes. Son premier groupe devient groupe d'artillerie de montagne.

Le 1ᵉʳ janvier 1937 est créée une 10ᵉ batterie qui sera la batterie divisionnaire antichar, équipée initialement de canons de 75 mm. En 1939, avec ses éléments de réserve, il constitue le 56ᵉ RA de montagne. La 10ᵉ batterie divisionnaire antichar (10ᵉ BDAC) perçoit des canons antichars de 47 mm. En septembre 1939, dès sa mobilisation, le régiment se porte en couverture dans la région de la Saix (VIe armée, armée des Alpes). Il passe ensuite avec la 31ᵉ DI aux ordres de la VIIIe armée et en octobre prend position sur la frontière suisse (région de la Ferrette, Haut-Rhin). En février 1940, il est envoyé dans la région de Bitche (Ve Armée) et c'est là qu'il terminera cette période d'attente qui, plus tard, sera connue sous le nom de « drôle de guerre ».

Mai et juin 1940

En mai 1940, c'est l'offensive générale des Allemands. Le régiment part pour la Somme où devait être stoppée la ruée allemande et prend position sur la Bresle au sud d'Abbeville.

Le 22 mai1940, le général Paul Vauthier apprend qu'il est nommé à la tête de la 31e division d'infanterie alpine à partir du 25 mai.

Le 25 mai 1940, la 31e division alpine est sous le commandement du général Paul Vauthier. Auparavant, c'était le général Marcel Ihler qui commandait cette unité, mais il a été promu général du 9e corps d'armée. Cette division est composée de plus de 18 000 hommes. Cette unité est basée dans la ville de Montpellier. En ce jour du 25 mai 1940, elle est à Goetzenbruck en Moselle. Cette division est composée du 15e régiment d'infanterie (15e RIA), du 81e régiment d'infanterie (81e RIA), du 96e régiment d'infanterie (96e RIA), du 56e régiment d'artillerie de montagne divisionnaire (56e RAMD) et du 256e régiment d'artillerie (256e RA). Ce qui représente, plus de 18 000 hommes.

➤ Le 15e régiment d'infanterie est commandé par le colonel Favatier et par le commandant Geaubert.
➤ Le 81e régiment d'infanterie par le lieutenant-colonel Verdier et le commandant Paulinie.
➤ Le 96e régiment d'infanterie par le colonel Lamort.
➤ Le 56e régiment d'artillerie de montagne par le lieutenant-colonel Louvel de Monceaux
➤ Le 256e régiment d'artillerie par le lieutenant-colonel Soudan.

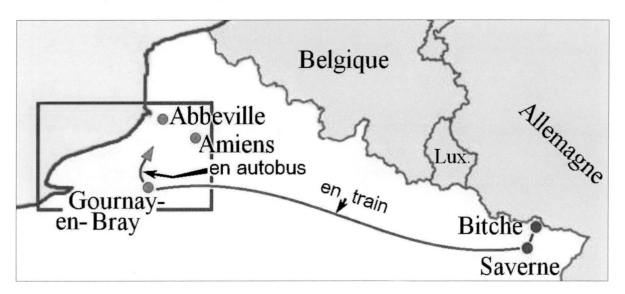

Le général Paul Vauthier reçoit l'ordre d'embarquer ses troupes pour le 27 mai à minuit vers le département de la Somme. Et plus précisément dans la zone de Gournay-en-Bray, à 40 km à l'ouest de Beauvais.

Le 28 mai 1940, 30 trains et des convois routiers partent en direction de la Somme. Le général Vauthier apprend dans la journée que les armées du Nord sont considérées comme perdues. Mais l'optimisme règne, car la ligne Weygand de la Somme tient solidement. Sauf sur Abbeville et Amiens, où l'armée allemande a de petites têtes de pont au sud de la Somme.

Le 29 mai 1940, la 31e division alpine est à Beauvais et elle est mise sous les ordres du général Robert Altmayer commandant de la 10e armée. La division est cantonnée à l'est de Gournay-en-Bray et son poste de commandement est à Blacourt.

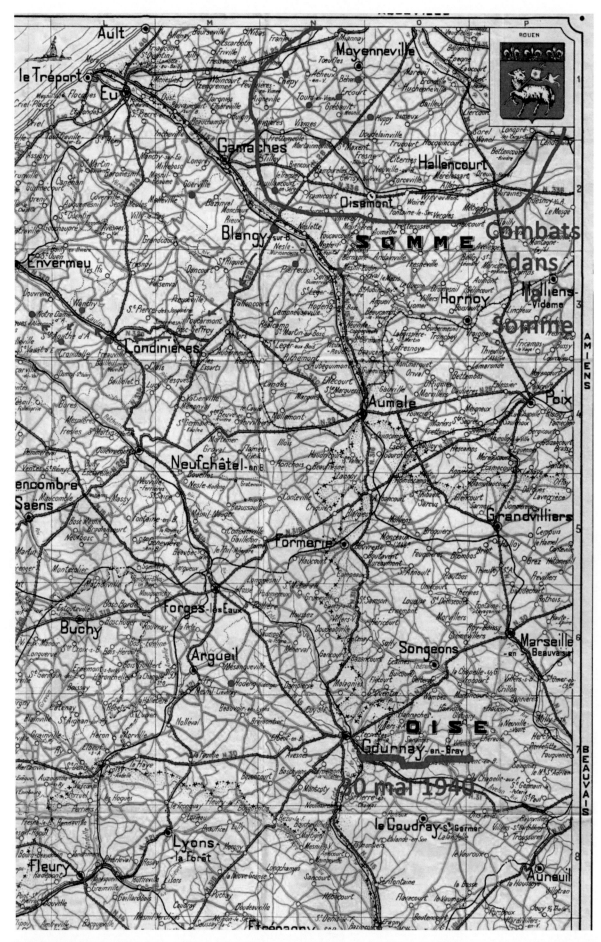

© Carte précisant en bleu les positions et les déplacements du 56e R.A.M.D entre Gournay-en-Bray et la Somme

58

La 5e batterie du 56ᵉ R.A.M.D

Le 56ᵉ R.A.M divisionnaire est un régiment d'artillerie constitué d'un état-major et de 3 groupes (1ᵉʳ, 2ᵉ et 3ᵉ groupe) et chaque groupe est composé de 3 batteries de 4 pièces (canons de 75 mm). Le capitaine Jean Robert commande la 5ᵉ batterie. Son groupe est composé aussi de la 4ᵉ et 6ᵉ batterie, commandé respectivement par le capitaine Guiraud et Giraux. Le capitaine Mulot est le commandant du groupe de ces trois batteries. Dans la vie de la 5ᵉ batterie, un homme est régulièrement nommé par le capitaine Jean Robert, c'est le sous-lieutenant Pierre Thomas, qui aura une fin tragique à Manneville-ès-Plains. On y reviendra à la fin de ce chapitre.

Grâce au rapport du capitaine Jean Robert qui commande la 5ᵉ batterie du 56ᵉ régiment d'artillerie de montagne divisionnaire de la 31ᵉ division d'infanterie, nous avons tous les éléments à une bonne compréhension des difficultés rencontrées par sa batterie et des unités françaises face à l'armée allemande. Du 30 mai au 12 juin 1940, il nous donne les détails de la dure réalité de la guerre.

Voici le témoignage du capitaine Jean Robert : « Le jeudi 30 mai 1940, vers 6 heures, après un voyage en train nous arrivons à Gournay-en-Bray près de Beauvais. Pas d'autres positions d'attente que la route qui passe devant la gare, qui est d'ailleurs celle par laquelle nous devons sortir de Gournay. C'est un peu étroit pour rassembler deux batteries. Comme toujours, le débarquement est un peu désordonné. L'opération se passe bien néanmoins. Le café chauffe sur les quais, on le prend avant de partir. L'adjudant Francis Cau s'empare de la voiture de liaison pour faire le ravitaillement, surtout le ravitaillement en viande qui doit se faire sur le pays.

11. GOURNAY-EN-BRAYE - La Gare

© Carte postale de l'auteur : gare de Gournay-en-Bray

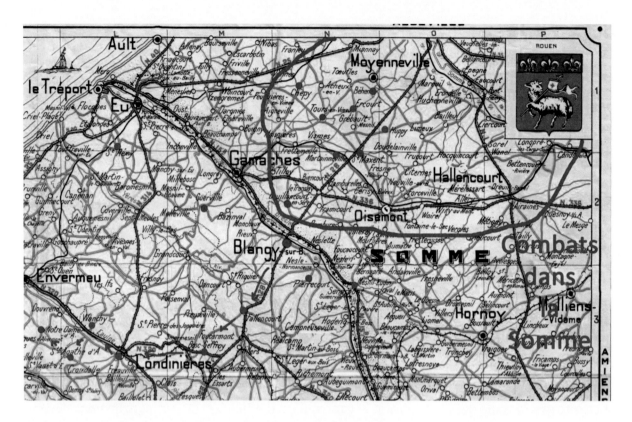

© Carte des communes de la Somme où se sont déroulés les combats du 56ᵉ RAMD de la 31ᵉ division d'infanterie du général Paul Vauthier.

La colonne se met en marche vers 7 h 30 avec la 5ᵉ batterie du sous-lieutenant Pierre Thomas et de l'aspirant Dubuey. Ils sont en tête avec moi. Au cours de l'étape, l'Adjudant Cau nous rejoint, il est à la recherche du vétérinaire pour lui faire examiner un veau qu'il a trouvé à acheter pour tout le groupe. Il a pris contact avec le groupe à son cantonnement. La 5ᵉ batterie d'après ce qu'il me dit cantonne dans une grande ferme un peu à l'écart du village. Le vétérinaire était dans la voiture de la 6ᵉ batterie derrière nous, l'adjudant Francis Cau l'a trouvé et l'emmène avec lui. Cau n'a plus besoin de la voiture, il me la renvoie.

Vers 12 h, nous traversons le cantonnement du groupe (Armentières) sous la conduite de Pierre Thomas revenu à notre rencontre. La batterie se forme en bataille dans la cour de la ferme de la Frenoye, on s'installe, sauf 2 pièces à la corde, les mulets sont à l'abri dans une grande écurie ; les ateliers (sellier, tailleur, bottier) ont trouvé un petit local ; le cantonnement des hommes n'est pas magnifique, mais assez large ; le bureau fonctionne, la soupe chauffe. Les deux villages Armentières et la Frenoye sont situés dans l'Oise, proche de Gournay-en-Bray. Les camionnettes et la voiture de liaison sont installées dans le chemin qui conduit à la ferme, sous les arbres. Il semble que nous allons rester longtemps là.

Vendredi 31 mai 1940

Je suis réveillé par un concert de rugissement provenant d'un troupeau en pâturage sous ma fenêtre. Je fais ma toilette dans la cour. Avec Pierre Thomas et l'aspirant Dubuey, nous allons inspecter les mulets qui sont au vert dans un chemin de terre, et que l'on soigne. Les mulets sont en bon état. Nous revenons au cantonnement.

Sous les ordres du maréchal des logis Costa (mécanicien), les servants nettoient les canons qui en ont bien besoin après la pluie de l'autre jour. Le brigadier-maréchal-ferrant Seguier ferre avec entrain ; en voilà un qui sait travailler avec une conscience sans exemple, sans qu'on ait besoin de ne jamais rien lui dire. L'après-midi en circulant dans mon royaume, je croise la voiture du lieutenant-colonel Louvel de Monceaux, commandant le régiment. Il me recommande de faire attention aux avions. Nous ne pensons qu'à ça ; aucun boche n'est encore venu nous survoler.

Ma logeuse est belge, elle n'arrive pas à comprendre l'abandon du roi Léopold, moi non plus. Il est probable qu'il n'y avait pas grand-chose à faire. On saura la vérité plus tard. La situation ne doit pas être très brillante autour de Dunkerque. N'importe, tous les espoirs sont permis.

L'adjudant Francis Cau, se rappelle, que je lui ai promis à Bitche, que dès que la vraie guerre commencerait, il prendrait le commandement de la 1re section. Je lui ai dit qu'il prendra ses fonctions automatiquement quand nous partirons de la Frenoye. Le maréchal des logis-chef Segeloti qu'il a initié depuis longtemps au métier de chef comptable prendra sa place.

Samedi 1er juin 1940 (1)

Le sous-lieutenant Pierre Thomas et l'aspirant Dubuey sont allés se promener à cheval. Moi, je monte la garde. Immédiatement après le déjeuner un motocycliste du groupe vient me convoquer au PC du groupe. Perrier m'y conduit avec la voiture de liaison. Au PC du groupe, les ordres sont arrivés : embarquement en camion ce soir. On discute pour savoir s'il convient de laisser à la traine les mulets des services généraux qui risquent de ne pas avoir assez de place dans les camions. Je soutiens très énergiquement qu'il faut tasser au maximum le groupe pour que tout rentre dans les camions. Nous ne sommes pas en manœuvre. À la guerre, on déplace les divisions et des corps d'armée en bloc et non pas des morceaux de batteries. Par ailleurs, c'est la guerre de mouvement que nous commençons enfin, et il s'agit de bien la commencer. Cette thèse prévaut, on fera en sorte que tout le groupe rentre en entier dans les camions. La 5e batterie doit faire mouvement par un itinéraire qui lui est particulier pour se présenter au point d'embarquement. Je vais le reconnaître après avoir donné les ordres voulus à Pierre Thomas. À mon retour je trouve déjà la batterie en route, Pierre Thomas en tête et derrière lui se trouve son cheval prénommé « Coquet » en tête de la section de commandement. Ce qui indique que c'est le sous-lieutenant Pierre Thomas qui commande (à la batterie, on est très traditionaliste).

(1) *Le 31 mai, à 21 h 30, le général Vauthier reçoit l'ordre de pousser le plus loin possible vers le nord-ouest, les éléments hippomobiles de la division. Rien d'autre ; pas de zone ; pas de mission. Au matin du 1er juin 1940, le général Vauthier souhaite plus d'explications et il se rend auprès du général Altmayer qui est absent. Et quand il rentre, à 14 h, le général Vauthier apprend que la 31e division alpine est mise à disposition du général Victor Fortune de la 51e division écossaise. Il apprend qu'une attaque est programmée le 3 juin à midi. Le général Vauthier répond et explique qu'il est matériellement impossible que la division soit en place le 3 juin du fait qu'elle n'a pas fini de débarquer. Ces deux informations proviennent du rapport rédigé par le général Vauthier.*

© Collection photographique de l'auteur : camion Citroën de juin 1940.

Après la section de commandement, il y a un espace vide, puis vient l'Adjudant Cau qui commande pour la première fois, la 1re section ; sa monture, la brave jument « Tempête », la suit.

Nous parvenons cinq minutes avant l'heure, au point d'embarquement, à Hodenc-en-Bray, proche de Gournay-en-Bray, où plus tôt au carrefour, commence la queue de l'élément du train auto qui doit nous enlever. Je réunis les sous-officiers pour leur donner quelques instructions et former les équipes de chargement. Puis la batterie avance de manière que les pièces parviennent à hauteur de leurs camions respectifs après avoir laissé au passage le matériel d'artillerie à proximité des camions qui l'embarqueront. L'Adjudant Cau est tout feu, tout flamme : il est bien dans son élément.

La 5e batterie est la première prête, j'en exprime ma satisfaction à tous. Le sous-lieutenant Pierre Thomas et l'aspirant Dubuey s'installent avec moi dans la voiture de liaison derrière la voiture du lieutenant du train dont dépend maintenant notre sort.

L'heure du départ sonne à 19 h. La colonne se met en route. La nuit tombe, je m'endors plus ou moins ; des arrêts fréquents me réveillent ; on croise fréquemment des camions arrêtés où l'on fait remonter des mulets qui ont sauté à terre en cours de route. J'espère que mes mulets ont été attachés assez courts pour ne pas faire semblable gymnastique. Il est question aussi d'un morceau de colonne qui se serait trompé de route.

Dimanche 2 juin 1940

À l'aurore, on s'arrête pour de bon. Le débarquement commence. Je vais à la recherche de quelques camions manquants. J'ai tôt fait de les retrouver et de leur faire doubler la colonne pour les amener à leur place. Il y a d'ailleurs pas mal de désordre parce que les conducteurs du train n'ont pas laissé les créneaux réglementaires pour les camions retardataires. Je finis par voir avec satisfaction toute la batterie à terre, et au complet.

Après une longue attente au grand jour, le groupe se met en route. Il y a encore un long arrêt pendant lequel je vais voir le commandant puis la marche devient très régulière. Il ne reste plus qu'à attendre les instructions du capitaine Mulot qui est allé reconnaître la position d'attente.

Le capitaine Mulot nous conduit dans un bois touffu entouré de prés. La 5e batterie met les mulets à la corde dans un chemin bien caché. À un bout du chemin, sont déjà installées les camionnettes et la cuisine. Avec quelques officiers, nous nous faisons servir un bon casse-croûte avec omelette et jambon à la ferme voisine. Le sous-lieutenant Pierre Thomas et l'aspirant Dubuey sont du festin. Les hommes fatigués se reposent. À midi, tous les officiers du groupe se réunissent à une table commune dans la ferme. Le commandant est pressé parce qu'il est convoqué au début de l'après-midi par le colonel au PC d'une division anglaise *(1)*.

Après déjeuner, je fais ma toilette près de la cuisine. Tout le monde dort. Le capitaine Mulot me fait prévenir vers 15 h que le commandant nous demande de rejoindre au PC de la division anglaise. Nous nous y rendons (tous les commandants de batterie et quelques officiers de l'état-major du groupe). Au PC anglais, nous attendons au moins une heure au cours de laquelle nous bavardons un peu avec le lieutenant-colonel Soudan, commandant le 256e régiment d'artillerie. Il est toujours en ébullition. Enfin, le commandant Anduze arrive et nous annonce que nous allons en reconnaissance. On doit occuper les positions d'ici après demain matin à l'aurore.

Nous devons entrer en ligne entre deux divisions déjà en place pour prendre part à une attaque en vue de réduire la tête de pont ennemie sur la Somme au sud d'Abbeville. L'attaque doit avoir lieu le 4 juin au matin probablement. Le groupe doit faire mouvement le soir même. Je regrette que le commandant n'ait pas donné l'ordre de reconnaissance plus tôt. J'aurais emmené mon personnel de reconnaissance et celle-ci aurait été facilitée. Il est vrai que nous avons du temps puisqu'il suffit d'être prêt pour le 4 juin au matin. Il est néanmoins nécessaire de déterminer tout de suite les bonnes positions d'emplacement de nos batteries afin de ne faire qu'un mouvement du groupe et non deux. Ainsi nous pourrons mettre en place les munitions durant la journée du 3 juin.

Les reconnaissances sont assez vite faites, le commandant ayant déjà jeté un coup d'œil sur la région. On arrive par un chemin de terre dans un vallonnement assez large occupé par des pâturages, sur le versant nord, assez raide, du vallonnement s'étale un grand bois dont la lisière supérieure presque à la crête est très découpée.

(1) 51e division écossaise du général Victor Fortune.

C'est sur cette lisière que se placeront les batteries, presque en position de crête. La 4e batterie à droite, la 6e batterie à gauche, la 5e batterie au centre. Le PC du groupe s'installe dans le bois sur la pente à l'extrême droite de la position.

Une fois la reconnaissance des positions faites et celles-ci validées par le commandant, je m'attarde à examiner un peu l'accès que je voudrais possible au matériel roulé ainsi que les positions d'échelon possible et la position de cuisine, dont il convient d'éloigner la fumée aussi bien des échelons que de la position de batterie.

Pour permettre l'accès de la position, je suis obligé de briser quelques clôtures. Les cuisines pourront s'installer probablement à la lisière inférieure du bois dans le vallonnement. Quant aux mulets, nous les laisserons pour l'instant près des pièces. Le temps est passé malgré tout assez vite. La nuit va tomber quand Perrier met en route le moteur pour retourner au-devant de la batterie qui doit se préparer au départ.

À l'entrée d'Ercourt, je croise la voiture du commandant qui me fait arrêter pour mettre au point quelques dispositions de détail. Pendant que nous causons entre les deux voitures distantes d'une trentaine de mètres, on entend tout à coup un violent vrombissement, des croix gammées passent à 25 mètres au-dessus de nous et juste à ce moment un engin de DCA anglais crache 5 balles explosives qui vont éclater à quelques toises au-dessous de l'avion allemand. Un instant, nous restons médusés, nous manquons un peu d'habitude dans ce genre d'émotion, puis nous repartons en voiture chacun de notre côté.

BOFORS : canon de 40 mm de l'armée britannique

Lundi 3 juin 1940

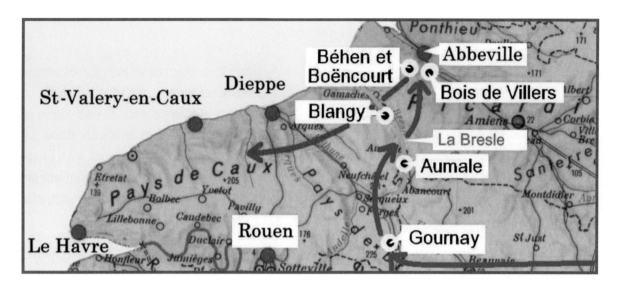

Il fait nuit noire lorsque je retrouve la batterie un peu avant qu'elle n'arrive à Sénarpont sous la conduite du sous-lieutenant Pierre Thomas. Je descends de voiture et commence à marcher à ses côtés. Perrier fait demi-tour et marche par bond en tête de la batterie.

Quand le jour commence à poindre, le groupe est encore en train de défiler en file indienne sur les chemins entre Saint-Maxent et Béhen. Heureusement, les Allemands sont calmes. On n'entend rien et on ne voit plus un avion. La région a été désertée par ses habitants. Le bétail pait en liberté et souvent on rencontre les bêtes mortes faute de soins.

Vers 6 heures, la batterie est rassemblée dans le bois. Malheureusement, le maréchal des logis Armengaud commandant la 2ᵉ pièce est blessé accidentellement en arrivant. Une roue de sa pièce lui est passée sur un pied et il faut l'évacuer. Le brigadier-chef Grenouilly reprend le commandement de cette pièce qu'il avait déjà exercé pendant l'hiver. Je fais reconnaître aux chefs de pièce leurs positions, dételer et décharger à proximité des emplacements de tir. Une soupe chaude est servie tandis que les servants creusent tranchées et emplacements de pièces, que les téléphonistes sont déjà en train de se relier au PC du groupe et que les mulets sont conduits à l'abreuvoir non loin de là. Avant que je n'aie eu le temps de lancer l'adjudant Bourdel sur la reconnaissance d'une position d'échelon, les conducteurs se sont tellement bien installés sur place que je renonce à les déplacer dans la journée.

Je vais trouver le commandant pour voir ce qu'il compte faire au point de vue observations. Le capitaine Mulot a reconnu un observatoire près de Béhen. C'est le seul endroit d'où l'on voit quelque chose et d'ailleurs peu de chose. Nous tomons d'accord pour que le capitaine Mulot occupe seul cet observatoire, les trois commandants de batteries resteront pour le moment aux batteries où il va falloir préparer les positions, faire le ravitaillement en munitions, et probablement préparer tout un système de tir en vue de l'attaque projetée. Le ravitaillement en munitions est la grosse affaire de toute cette journée. Un détachement de servants s'emploie à décharger les mulets.

Un mulet peut transporter au maximum deux caisses à obus (soit 18 obus) et une caisse à douilles (18 douilles, encore que tous les mulets ne sont pas taillés en Hercule pour pouvoir transporter une telle charge qui dépasse 200 kilos). On nous ravitaille pour 4 unités de feu ce qui représente 3200 tirs pour nos batteries. Les 36 mulets de caisse et quelques mulets d'équipages font ce travail pendant toute la journée.

Le brigadier d'ordinaire a fait amener la camionnette cuisine à l'emplacement prévu. Les ordres pour le ravitaillement sont d'exploiter les ressources locales. Comme il n'y a plus d'habitants, on en est réduit à choisir un veau parmi ceux qui se promènent en liberté dans la campagne et à le sacrifier sans autre forme de procès. Dans l'après-midi, les pièces sont mises en place. Le sous-lieutenant Pierre Thomas forme le faisceau et mets en direction sur le gisement 400. Deux tirs d'arrêt indiqués par le commandant sont préparés et les pièces sont mises sur les éléments de l'un d'eux. À la nuit, aucun ordre n'est arrivé encore concernant l'attaque. Décidément, elle n'aura lieu que le 5 juin.

Mardi 4 juin 1940

Décidément, il n'y a pas moyen de passer une nuit tranquille. À 2 heures du matin, le poste téléphonique qui est à portée de ma main retentit. Le commandant m'annonce l'arrivée des ordres pour l'attaque qui débutera dans quelques heures. En un instant, les 3 officiers sont sur pieds, les cartes sorties, les tables de tir ouvertes, les crayons taillés. Un planton apporte une enveloppe. L'attaque commence à 4 heures. Il faut préparer tout un tir de bombardement consécutif qui débute par des tirs d'arrêt à 2500 mètres pour nous conduire à la sortie-sud des ponts d'Abbeville avec une limite de portée (8 500 mètres), et tout cela durant deux heures. Les tirs sont assez compliqués, nous nous mettons au travail dardar tous les trois. Le PC du groupe passe l'heure officielle.

© Collection privée : chars français, dont trois Hotchkiss H39.

© Le sous-lieutenant Pierre Thomas

À 3 h 15, nous avons préparé plus de la moitié des tirs, je continue le travail seul. Le sous-lieutenant Pierre Thomas et l'aspirant Dubuey vont réveiller les servants. J'entends le sifflet de Pierre Thomas et les commandements. Le jour commence à poindre.

À 3 h 30, un coup de canon retentit, c'est l'heure du début du tir, 30 minutes de préparation avant l'attaque dont le bruit doit masquer le démarrage des chars. Les douze pièces du groupe déchirent d'un seul coup le silence d'ailleurs très relatif qui règne. Un grand concert mélangé de coups de canon lointains ou proches commence.

Vers 4 h 30, je rejoins le PC de tir avec la suite des tirs effectués. Tout est normal. Brusquement, un éclatement se produit devant la 2ᵉ pièce. Est-ce une arrivée ? Il y a un blessé qu'un camarade amène au poste de secours. L'attaque est déclenchée. D'autres éclatements se produisent devant la lisière du bois.

Serions-nous localisés ? Les quelques blessés sont conduits au poste de secours. Le téléphone sonne : ordre de mettre de côté les fusées 3.R d'un certain lot et de les reverser. Tant bien que mal, on fait mettre à part les caisses du lot de fusées incriminé. Il s'agit probablement d'un lot qui a provoqué des accidents ou qui fonctionne mal. Il n'y a plus d'arrivée. Les tirs se poursuivent normalement.

À 6 heures, le silence se fait en quelques instants. L'attaque est terminée. On n'entend plus que quelques « tactac » de mitrailleuses à 500 mètres en avant de la batterie, un canon de DCA anglais est venu se mettre en batterie. Quel peut-être le résultat de l'attaque ? Je n'ai qu'une maigre confiance dans nos tirs déclenchés sans réglage (ainsi le veut « la surprise ») sur des objectifs dont la plupart ont l'air d'être de petits boqueteaux choisis sur la carte d'état-major. Quelle est la précision de cette carte, des sondages qu'on nous a passés, et par conséquent de nos tirs ? Et les objectifs ont-ils été bien choisis ? Il me semble que l'artillerie s'est contentée de tirer dans le département suivant l'expression consacrée. C'est un peu naïf... avec le sous-lieutenant Pierre Thomas, nous allons inspecter un peu la lisière du bois. J'ai l'impression que les arrivées de tout à l'heure étaient des éclatements prématurés. Les traces laissées à la sortie des 1ʳᵉ, 2ᵉ et 3e pièces ne nous laissent aucun doute à ce sujet. Il s'agit bien d'éclatements prématurés, peut-être provoqués par les fameuses fusées S.R que l'on a fait retirer des approvisionnements. Heureusement, les dégâts ne sont pas importants. Tous les blessés sont rentrés à la batterie après un pansement, sauf Baraud de la 2ᵉ pièce dont l'état ne paraissait pas très grave non plus. Il y a un trou heureusement sans importance dans la porte avant du berceau de la 2ᵉ pièce. Les hommes sont persuadés que nous avons été bombardés par l'artillerie ennemie, nous préférons les laisser dans cette illusion. La batterie a été mise sur le tir d'arrêt « À 8 » à 8000 environ. On lave et on graisse les tubes, on met de l'ordre dans les munitions ; plus de 1000 coups ont été tirés. Le ravitaillement en munitions qui n'était d'ailleurs pas terminé la veille se continue. Va-t-on faire un bond en avant ?

Les heures passent, le calme n'est troublé que par quelques coups de mitrailleuses, ou des bruits de moteurs surtout de chars et aussi de quelques rares avions.

À 10 heures, le groupe nous téléphone : *« Remettez-vous sur les tirs d'arrêt « À 1 » et « À 2 »…* L'attaque a donc échoué. Je n'en suis pas autrement surpris étant donné les conditions de précipitations avec lesquelles elle a été préparée. On exécute et j'envoie chercher la soupe. L'après-midi, je fais reconnaître une position d'échelon par l'adjudant Bourdel à quelque 800 mètres en arrière. Les mulets et les conducteurs s'y transportent aussitôt. J'ai l'impression que le déménagement est mal accueilli par les conducteurs. Tant pis, je préfère les voir un peu plus loin de la position de la batterie, puisque maintenant il me parait certain que nous resterons ici au moins 2 ou 3 jours. Je vais visiter la position de la 6ᵉ batterie ou Giraud me reçoit le sourire aux lèvres et je vais voir le groupe aussi.

© Collection Nara : canon abandonné sur le champ de bataille

© Collection Nara : char B1 bis français.

Il est toujours convenu avec le commandant que l'observatoire sera occupé jusqu'à nouvel ordre par le capitaine Mulot, seul. Étant donné que l'on y voit peu de choses et que les liaisons avec le groupe y sont précaires (un téléphone a été déroulé qui est souvent coupé et les S.R 2 Z (radio), à ce que je crois comprendre, se refusent à fonctionner), les commandants de batterie n'y feraient pas du bon travail, c'est malgré tout bien regrettable à mon avis.

Vers 16 heures, on m'avertit que des chars français viennent de s'installer en lisière du bois entre les pièces. Ils sont commandés par un lieutenant. Je vais le trouver et j'essaie de lui expliquer qu'il me gêne beaucoup et que notre voisinage est mauvais aussi bien pour sa sécurité que pour la mienne. Mais le pauvre lieutenant parait tellement éprouvé par le combat du matin que je renonce à insister davantage.

Il me raconte que sa compagnie a été dispersée, les quelques chars qui sont là sont tout ce qu'il en reste, et qu'ils ont été reçus par des Allemands avec un feu terrible et qu'enfin on lui a dit de se regrouper dans ce bois dont il n'a pas le courage de faire déménager encore ses hommes.

Pour notre compte, notre moral est très bon. J'ai un peu sommeil et je suis content de voir arriver une nuit réparatrice. La tente des officiers a été déplacée et après la soupe du soir nous nous couchons au PC de tir de la batterie, où nous sommes à l'abri dans un trou de 40 centimètres de profondeur. Le central téléphonique de la batterie est seul resté à son emplacement de la veille. Les chars sont finalement partis.

Mercredi 5 juin 1940

À 3 h 30, le jour commence à poindre, mais nous continuons à sommeiller derrière notre tente bien fermée.

4 h : des vrombissements d'avions et de nombreux bruits de bombes éloignés et rapprochés. Je trouve que cela ressemble terriblement à une préparation d'attaque par avions. Le sous-lieutenant Pierre Thomas et l'aspirant Dubuey se lèvent pour faire activer par les servants les travaux de défense et vérifier les éléments des pièces qui doivent être sur le tir d'arrêt normal. Mais les servants ont compris, chefs de pièce en tête, ils sont déjà au travail.

Personnellement, je suis tellement fatigué que je continue à dormir ou plutôt à essayer de dormir, car le fracas des bombes qui n'éclatant pas toujours bien loin m'en empêche.

À 5 h 30, une bombe vient de tomber tout près et son éclatement a été suivi de bruits de branches cassées. Je me lève, je vais voir un peu les servants. Nos travaux de défense et d'abri sont grandement avancés, le camouflage de la position est parfait.

6 h : sonnerie de téléphone : « *Exécuter tirs d'arrêt* » et en quelques instants, tout le groupe crache le feu.

© Collection Nara : canon abandonné sur le champ de bataille

Cette fois-ci, c'est sérieux. Il me semble voir déboucher les chars allemands suivis de l'infanterie au milieu de nos éclatements. Plusieurs fois, on nous fait répéter le tir d'arrêt. Puis le groupe nous fait exécuter des tirs déterminés en se référant aux premiers tirs de la veille. On tire presque sans interruption. Une corvée de quelques conducteurs que je fais venir est employée à amener des seaux d'eau pour refroidir les pièces.

9 h : en avant de la position apparaissent des hommes qui viennent vers nous, un par un. On se demande si ce ne sont pas des Allemands. Mais non, ce sont des soldats du 81e RIA, commandés par le lieutenant-colonel Henri Verdier, qui se replient. En ont-ils reçu l'ordre ? J'arrête ceux qui ne sont pas encadrés et leur ordonne de retourner à leur unité ; ils s'exécutent.

10 h : un nouvel ordre est de faire bâter les mulets et de se préparer à un repliement. Le commandant donne rendez-vous aux capitaines, une fois les sorties de batteries effectuées, à Ercourt.

Je fais distribuer la soupe.

Je téléphone pour demander de nouveaux ordres de tir mais le groupe ne répond pas. Les fils ont dû être débranchés au poste de commandement du groupe.

Je fais replier nos lignes. Faute de mieux, nous répétons les tirs précédents.

© Collection Nara : canon abandonné sur le champ de bataille

10 h 15 : le capitaine Mulot arrive et s'étonne que les mulets ne soient pas déjà là. Je lui explique que j'ai reçu l'ordre de me préparer à un repliement, et non pas de me replier. J'envoie immédiatement un agent de liaison, chercher les mulets. Le capitaine Mulot revient de l'observatoire pas très gai. Plusieurs fois, il a dû menacer des fuyards de son revolver pour les faire retourner au feu. Il m'indique de tirer sur les lisières-est de Moyenneville, village encore français, vers lequel il a vu de nombreux ennemis se diriger.

J'élargis le faisceau sur au moins 200 m et je promène le feu de la batterie sur plusieurs centaines de mètres en profondeur à partir des lisières-est de Moyenneville et en direction de toute cette lisière qui s'étend sur au moins 1500 mètres. Je passe cette indication par agent de liaison à la 6e et à la 4e batterie. Nous tirons de façon continue à cadence 4. Bientôt, les départs des deux autres batteries silencieuses depuis un bon moment, se joignent aux nôtres.

Dans l'intervalle des coups, on n'entend que des commandements brefs. Je garde les quelques cent obus à balles que je possède pour le cas où nous aurions à faire face à une attaque rapprochée. Les mitrailleuses ont mission de surveiller le terrain en avant de la position pour éviter toute surprise désagréable de ce côté.

À chaque pièce, les pourvoyeurs s'emploient à remplir les caisses à munitions de batteries. Je donne l'ordre d'emporter également le plus de munitions possible en caisses d'emballage sur les mulets de matériel et les mulets d'équipages non chargés. Le matériel est mis en ordre de manière que la sortie de batterie s'effectue rapidement.

11 h 45 : les mulets arrivent. On charge d'abord les caisses avec le petit matériel, puis à la dernière extrémité, on attèle les pièces qui se taisent une à une. Brusquement, un terrible vrombissement se fait entendre.

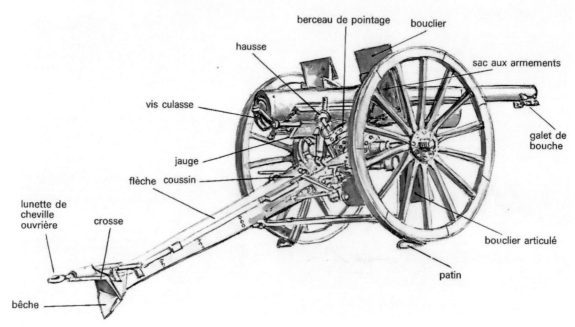

Canon de 75 et ses principales pièces

Il y a un bref bruit de fusil mitrailleur et une lueur passe à 50 mètres au-dessus de nous. Un fracas épouvantable s'élève : un avion s'est abattu à cent mètres de nous.

On attèle les deux dernières pièces ; je dis à l'Adjudant Cau de rejoindre au pas de gymnastique la tête de la batterie, de l'arrêter dans la pente sous le couvert du bois, de manière à ne quitter le bois qu'en très bon ordre.

Le sous-lieutenant Pierre Thomas, l'aspirant Dubuey et moi partons presque les derniers. Sur le chemin, nous trouvons deux caisses à munitions abandonnées. Elles portent la marque de la 4e pièce, dont les derniers mulets achèvent de se mettre en ordre à 100 mètres de là. Le conducteur en partant au pas de gymnastique ne parait pas s'être aperçu qu'il perdait son chargement. Il est copieusement invectivé quand je passe devant lui, et les caisses sont vite rechargées et brélées.

La batterie sera bientôt en ordre. Je dis à l'aspirant Dubuey de la mettre en marche dès que possible et lui donne les indications nécessaires sur l'itinéraire à suivre. Un dernier scrupule me fait revenir avec Pierre Thomas sur la position. N'a-t-on rien oublié ? Nous ramassons un levier portereau à l'emplacement de la 2e pièce et un plat de campement de la première pièce. C'est tout ce que nous trouvons au milieu des douilles vides et des caisses à munitions défoncées et béantes. On a tiré plus de 1500 coups certainement.

© Collection Nara : canon français de 155 mm camouflé en position dans un bois.

Nous rejoignons la batterie. Pierre avec son levier portereau, moi avec mon plat de campement. Nous doublons la colonne à grande enjambée. En arrivant sur leur position, les conducteurs de la 5ᵉ pièce ont constaté qu'une bombe était tombée très exactement à l'emplacement où ils avaient leur tente la veille. Ils trouvent que le capitaine a eu une bonne idée en les faisant déménager à temps et ils savent me le dire. Enfin, la batterie s'arrête sur le chemin par où elle est arrivée et à peu près à l'endroit où se faisait le transbordement des munitions l'avant-veille.

La route est embouteillée par le rassemblement des 2 autres batteries et de l'état-major du groupe ainsi que des éléments du 256ᵉ régiment d'artillerie lourde. Notre camionnette cuisine a réussi tant bien que mal à sortir avec sa remorque de son emplacement. Elle est aussi en ordre de marche sur la route. Donc tout va bien. Le lieutenant Genet de l'état-major du groupe m'assure que l'embouteillage ne sera pas long. Je serre la main du médecin-lieutenant Cassan et du vétérinaire-lieutenant Roucquette qui sont toujours fidèle au poste. Cassan me prévient que la blessure de Baraud est grave, *« Il ne s'en tirera pas »* me dit-il *« il a fallu l'évacuer »*.

© Collection Pierre Nara : véhicules détruits sur une route en France.

À Ercourt, pas de commandant. Aurais-je mal compris les ordres ? Je cherche aux alentours, en particulier à Huppy qui a bien souffert d'un bombardement aérien et où nous errons au milieu des tuiles cassées et des débris de toutes sortes qui jonchent le sol, décidément le commandant est introuvable. Aussi je prends le parti de rejoindre le groupe pour me faire préciser le lieu de rendez-vous.

Sur la route nationale 28, nous croisons plusieurs automitrailleuses avec toute une colonne d'engins mécaniques incendiés, lamentables. Il nous faut éviter aussi une barricade au pied de laquelle git un cadavre.

Genet que je trouve en tête du groupe me dit de voir à Onicourt. Je repars immédiatement et j'y trouve en effet le commandant. Il s'agit de mettre le groupe en batteries aux abords immédiats du village. Je choisis comme position un verger dans la lisière sud-ouest d'Onicourt. Bourdel reconnaît une position d'échelon vers Saint-Maxent à 800 m au sud-est. La cuisine s'installera entre les deux.

Il parait qu'il n'y a pas moyen de trouver un observatoire convenable dans ce terrain plat coupé d'une multitude de haies et de vergers. Il faudra encore s'en passer et tirer avec la règle et l'équerre bien que cela soit contraire à tous les principes. Il me tarde de voir arriver la batterie. La 4ᵉ qui s'est décrochée, la première est déjà là et s'installe à ma droite. Voici une partie de la 6ᵉ qui arrive. J'attends au carrefour-nord d'Onicourt.

© Collection Nara : canon de 155 mm français.

Je voudrais aller à la rencontre de Pierre Thomas, mais par où sera-t-il passé ? Enfin le voilà souriant, la canne à la main, « Coquet » derrière lui, suivi de « Gamin », des mulets de téléphone et de la batterie de tir, la première pièce en tête. Le trajet s'est effectué, parait-il, sans alerte. Malheureusement, la batterie est passée sur la route nationale 28 et elle a défilé devant la barricade avec le cadavre de tout à l'heure, ce qui n'a pas été d'un effet moral très réconfortant.

La batterie s'installe, chaque pièce est cachée sous un arbre et les tubes passent par de véritables créneaux à travers une haie qui marque le front de la position. Le PC de tir s'installe à l'autre bout du verger près d'une mare sous un arbre, à côté des mitrailleuses. L'adjudant Bourdel emmène les mulets.

Il n'y a pas plus d'un quart d'heure que le dernier mulet est parti que des avions allemands réapparaissent et ils bombardent en piqué la route nationale 28. On les mitraille de tous les côtés, mais cela ne les gêne pas beaucoup. Quand le calme revient, je demande à Giraud de déplacer ses mulets qui stationnent dans notre verger le long d'un des côtés.

Effectivement, au bout d'un moment, l'adjudant de la 6ᵉ batterie les emmène. Le commandant nous passe un tir d'arrêt dont le rôle est de verrouiller la route nationale 28 vers Huchenneville. On le prépare et on met la batterie sur ses éléments. Un fil téléphonique est déroulé jusqu'au poste de commandement de groupe.

L'après-midi file sans alertes. Le vaguemestre passe, j'ai une lettre et Pierre Thomas aussi, en a reçu une. À 17 h 30, la soupe est distribuée, puis on fait un brin de toilette. On se prépare à passer la nuit ici.

À 19 heures, le commandant fait appeler les 3 commandants de batterie ; le groupe doit filer au début de la nuit dans la région de Chepy. On part en reconnaissance immédiatement, les premières pièces des batteries doivent nous suivre de près, le reste déménagera dans la nuit. En quelques minutes, les ordres sont donnés. Perrier m'emmène avec Bourdel et Ruquet. Je ne comprends pas bien la raison du déplacement préalable des 3 premières pièces. Il parait que cela facilitera la mise en direction. Je ne vois pas pourquoi puisque même si on a le temps de reconnaître un observatoire avant la nuit, nous ne pourrons pas tirer à vue avant le jour, qu'il suffira de passer la nuit en surveillance sur un gisement… je préfère interpréter que de répondre aux demandes de tir de l'infanterie, sans interruption d'une position puis de l'autre…

On perd un temps précieux à chercher des positions, le terrain est très difficile. La nuit va tomber alors que nous n'avons pas trouvé des positions qui nous conviennent. On se rassemble sur la route pour attendre les pièces. Un motocycliste apparait. Changement de programme, la division va essayer de résister derrière la Bresle. Le groupe doit faire demi-tour aux premières pièces entre Onicourt et Tours-en-Vimeux. À Onicourt, je trouve le reste de la batterie en bataille dans le verger prêt à partir. La cuisine avec un cuisinier a rejoint les services généraux auto de la CR. Les autres cuisiniers avec des vivres pour une journée chargés sur mulets sont restés dans la colonne muletière. Ce sont les instructions que j'ai données. Au bout d'un moment, la première pièce vient reprendre sa place à côté des 3 autres. Il est 21 h 45.

À 22 h, le groupe se met en marche dans l'ordre, l'état-major, la 6ᵉ, la 5ᵉ et la 4ᵉ batterie. Je reste un certain temps à ma place. Puis je me sens tellement fatigué et je souffre tellement de ma désagréable maladie habituelle que je suis obligé de renoncer à continuer l'étape à pied. Je laisse la batterie à Pierre et je monte en voiture. Comme il m'est désagréable de rester ainsi entre la 4ᵉ et la 5ᵉ batterie, je préfère filer en tête du groupe où il y a le vide en avant. J'y trouve Genet qui en tant qu'orienteur guide la colonne, je l'aide à suivre son itinéraire qui est assez compliqué (Saint-Maxent, Martaineville, Morival, Maigneville, Infray, Bouillancourt-en-Séry).

Jeudi 6 juin 1940

Je ne rejoins la batterie que lorsque nous descendons sur la Bresle après avoir traversé le domaine de Séry. Un village brûle à droite (peut-être Guerville). Son église se dessine sur une fumée rouge ; c'est lugubre… le jour se lève. On traverse Heurtevent ou nous sommes gênés par une colonne du 256ᵉ régiment d'artillerie. Il y a quelques trous de bombes bien placées sur notre chemin. Je monte à cheval pour voir en avant ce que l'on va faire. Au moment d'arriver près du village Le Cornet, deux avions allemands nous survolent. Le groupe entier s'engouffre dans la forêt d'Eu où il s'arrête. Il y a déjà le 3ᵉ groupe qui y stationne. Il doit être 6 heures. Je conduis le cuisinier Berthou à un emplacement à l'écart pour faire du café. L'adjudant Bourdel reconnaît un abreuvoir, on commence à décharger le matériel et à dételer pour faire boire les animaux qui restent bâtés. La 5ᵉ batterie a fini à peine de disparaître dans les bois et suivi par la tête de la colonne de la 4ᵉ batterie, que des bombardiers allemands se montrent. La colonne de la 4ᵉ batterie qui est à découvert est abondamment arrosée et mitraillée. Un groupe du 256ᵉ RA est aussi en mauvaise posture.

© Collection privée : bombardier allemand

Des escadrilles de 3 ou 4 bombardiers allemands se succèdent les unes après les autres. Durant les accalmies, la 4ᵉ batterie essaie d'avancer. On envoie à son secours quelques conducteurs volontaires des autres batteries. Des bombes tombent dans la forêt, on plie le dos et les épaules… à la grâce de Dieu… nous sommes impuissants sous ce déluge de bombes.

Enfin, les bombardiers disparaissent définitivement. La 4e batterie a un chef de pièce tué et plusieurs morts ou blessés ainsi que des mulets hors de combat. Le reste du groupe n'a pas de perte. On casse la croûte, et les hommes harassés de fatigue s'endorment autour des mulets et des canons sous les arbres de la forêt d'Eu. Le commandant est parti chercher des instructions. Je parle longuement avec le lieutenant Grasset dont la colonne de ravitaillement (CR) qui stationne non loin. Il m'assure que mes camionnettes roulent bravement sur la route. Tiendront-elles jusqu'au bout ?

9 heures : le commandant revient, on part en reconnaissance dans la région de Pierrecourt. Le capitaine Mulot conduira le groupe dans une heure vers le carrefour de Maître-Jean où nous l'enverrons chercher en temps utile. Je laisse la batterie à Pierre, et je monte en voiture avec Bourdel et Ruquet. On passe tout le reste de la matinée à la recherche d'une position de groupe introuvable. De partout, on est en vue des hauteurs qui dominent la Bresle sur sa rive droite.

À midi, toutes les reconnaissances, officier, sous-officiers, secrétaires et chauffeurs se réunissent à une table commune à l'estaminet de Pierrecourt devant une énorme omelette et quelques fines bouteilles que notre hôtesse nous offre les larmes aux yeux. Ce qui reste de la population ne se fait pas d'illusions sur ce qui l'attend.

Nous avons trouvé à la rigueur, trois positions de batteries dans les lisières-sud et ouest de Pierrecourt. Celle de la 4ᵉ batterie, la plus à gauche, est la seule vraiment masquée dans l'unique vallonnement qui ne soit pas orienté vers l'ennemi, mais elle est très mal camouflée dans un verger d'arbres rabougris. La mienne serait dans un verger le long d'une haie, le camouflage est bon, mais le masque ne sera réduit à presque rien lorsqu'on aura élagué les premiers arbres qui sont un peu trop haut. La position de la 6ᵉ batterie plus à droite doit être dans le goût de la mienne.

Il est décidé que les trois commandements de batterie continueront leurs recherches dans la région au sud-est de Pierrecourt. Le commandant va rendre compte de nos difficultés à l'A.D et demander que notre zone de position soit élargie au sud (Est de Pierrecourt).

Nous prenons une bonne partie de l'après-midi en auto ou à pied en pure perte. Tous les vallonnements s'ouvrent vers l'ennemi, on est en vue de partout. Nous finissons par arriver ainsi à travers un bois où un officier anglais qui parait très ennuyé nous demande si nous n'avons pas vu le lieutenant Wels avec 6 pièces des 12 pièces antichars de sa compagnie.

Nous lui répondons que nous n'avons pas vu ce lieutenant. Enfin de guerre lasse et faute de mieux, nous nous décidons à opter pour les positions reconnues dans la matinée. Les voitures nous ramènent à Pierrecourt où chacun va reconnaître plus à fond sa position.

Je laisse la voiture à l'adjudant Bourdel qui va reconnaître une position d'échelon dans les lisières de la forêt d'Eu près de Mienval, et je reste avec Riquet pour piqueter l'emplacement des pièces. Elles seront sous la rangée d'arbres du verger le plus à l'ouest, immédiatement en arrière de ce front, à 10 m. Il y a une haie parallèle à cette rangée d'arbres.

Au milieu de la haie, un gros arbre abritera le poste de commandement. Les téléphonistes s'installeront à droite dans un petit verger contigu. Les mitrailleuses sont à gauche pour surveiller la route qui sort de Pierrecourt.

Les bombardements aériens qui paraissaient avoir été assez peu fournis pendant la matinée redoublent depuis quelques heures. On entend les éclatements dans toutes les directions.

Je suis au pied de l'arbre du PC avec Ruquet attendant le retour de la voiture avec Bourdel.

Brusquement, un chapelet de bombes tombe non loin dans notre dos. J'ai l'impression nette que l'avion vient sur nous.

Nous nous aplatissons sur le sol. Une bombe tomba à 40 mètres derrière nous dans le verger des téléphonistes.

Une à 10 mètres à droite sur l'arbre qui devait abriter la 3e pièce, une troisième à 10 mètres en avant de l'emplacement prévu pour les mitrailleuses et le chapelet se déversa en continu plus loin.

J'ai la bouche pleine de terre, nous sommes environnés d'une acre fumée.

© Collection auteur : avion allemand juin 1940

On se relève, sain et sauf, en se serrant la main et je dis : « Mon vieux Ruquet nous l'avons échappé de peu » et on éclate de rire. L'arbre du PC est criblé d'éclat à 30 centimètres de haut (heureusement que mon corps n'en faisait pas plus !). L'arbre de la 3e pièce c'est volatisé.

Les habitants d'une maison voisine dont toutes les vitres se sont brisées sautent en voiture et disparaissent. Des fantassins descendent de la hauteur qui sert de masque à la 4ᵉ batterie, pleurant leurs mulets qui ont été transpercés par les éclats des bombes.

Bourdel est de retour avec la voiture. Il a trouvé ce qu'il lui fallait pour l'échelon à moins de 1000 mètres, s'est parfait. Nous repartons tous pour aller chercher la batterie. Au passage, je m'arrête encore un instant à une usine qui se trouve à 1000 mètres à l'ouest de Pierrecourt. Mais je n'y trouve toujours pas de position possible.

Dans la forêt d'Eu on se perd facilement, visiblement la carte d'état-major n'est pas à jour et les routes ont été remaniées. Les bombardements redoublent. Les bombes tombent si près que par deux fois nous stoppons et nous nous couchons dans le fossé. La deuxième fois, le chapelet de bombes, dure si longtemps que je préfère repartir sans attendre que le calme revienne. Nous filons tandis que les éclatements se font entendre à droite et à gauche. Je ne sais pas trop comment j'arriverai à retrouver le groupe lorsque tout à coup j'aperçois le capitaine Mulot sur le bord de la route. Il est très impatient ; je suis le premier officier de la reconnaissance qui soit de retour et s'étonne de notre retard avec juste raison. Il est certain que nous aurions dû mettre en batterie dès le matin, même dans de mauvaises conditions, quitte à changer ensuite de position.

Le groupe stationne en ce moment le long de la route de Blangy à Fallencourt dans la forêt sur le bord ouest de la route. Il parait que le groupe a été bombardé et qu'il y a de la casse. Qui sait dans quel état je vais retrouver la 5ᵉ batterie.

© Collection privée : canonniers français avec leur pièce d'artillerie.

La route était encombrée par des éléments de toutes armes, je donne l'ordre à Perrier d'essayer de me rejoindre quand il le pourra et je pars à pied dans la forêt, suivi de Bourdel et de Ruquet. Çà et là, des mulets gisent le ventre à l'air. Les hommes se cachent dans des trous. En tout cas, le groupe est bien dispersé. Je remonte la colonne sur au moins 1500 mètres, et mon inquiétude est grandissante au fur et à mesure que je constate les dégâts causés aux 2 premières batteries.

Je rencontre l'aspirant Pouderigne du 256ᵉ régiment d'artillerie lourde que j'ai connu en tant de paix, il parait éprouvé par la casse que les bombardements ont provoquée dans sa batterie.

Enfin, voici le sous-lieutenant Pierre Thomas, qui arrive au-devant de moi dès qu'il m'aperçoit et qui, calme et souriant, m'assure qu'il n'y a aucune perte à la 5ᵉ batterie ni en homme ni en animaux. Il est vrai qu'il a eu la bonne idée de stationner assez à l'écart de la route.

On donne l'ordre de charger et d'atteler. Une heure se passe, le groupe ne parait pas se mettre en route. Comme Perrier a réussi à nous rejoindre, je lui fais faire demi-tour et vais rendre compte en voiture que je suis prêt à démarrer. Cette fois, je trouve le commandant aux côtés du capitaine Mulot, il est très inquiet sur le sort de Guiraud et de Giraud qu'on ne voit pas revenir.

© Collection privée : canon français de 105 mm.

Comme en fin de compte nous n'avons déjà que trop tardé à mettre en batterie, nous décidons de faire doubler la colonne du groupe par la 5e batterie qui prendra la tête et que je conduirai à sa position. J'indiquerai à peu près à Viguier, lieutenant de la 6e batterie, leur emplacement en arrivant à Pierrecourt. Je retourne donc à la batterie, avec difficultés d'ailleurs, car la route est très encombrée.

Le gros de la batterie sera obligé d'avancer sous les arbres, le long de la route, seules les quatre pièces de batteries roulées se faufileront, sur la route à travers les fourgons, les chariots de parcs, les pièces de 155, les voitures automobiles de toutes sortes qui y circulent dans les deux sens.

Mais au moment de faire sortir les pièces a un endroit ou un petit ponceau traverse le fossé, deux énormes chars arrivent : L'un deux se meut péniblement et s'arrête avec des craquements sinistres justes devant le ponceau. Un officier qui le suit à pied invective le conducteur maladroit : *« Tu sais pourtant bien qu'il ne faut pas changer de vitesse avec cet engin… »*.

Il faut attendre que le passage soit libre. Enfin, les chars repartent l'un remorquant l'autre. La batterie se met en route. Au moment où je passe devant le commandant qui se prépare à emmener son état-major au lieu où doit s'installer son PC, Guiraud et Giraux viennent enfin d'arriver. Ils ont été bombardés d'assez près et leur voiture a été criblée d'éclats, il a fallu réparer chambre à air et tuyau d'essence… je ne m'occupe plus de leurs batteries.

Des fantassins circulent au carrefour qui se trouve à l'entrée du verger. Nous causons un instant avec un lieutenant d'infanterie : *« Est-ce vous qui tiriez, hier, sur les lisières-est de Moyenneville ? »* me demanda-t-il.

Je répondis : « Parfaitement, nous avons tiré un peu au jugé… à toutes fins utiles, tout le groupe s'y est mis. Notre observateur nous avait dit que les Allemands se dirigeaient vers Moyenneville ». Alors le lieutenant me répond *: « Ah ! vous pouvez vous vanter d'avoir bien travaillé. Vos canons de 75 étaient terribles, les Allemands ont été cloués pendant au moins 2 heures »*.

Cette conversation aura tôt fait de faire tout le tour de la batterie, la satisfaction du fantassin n'est-elle pas la meilleure récompense de l'artilleur.

La nuit est tombée, les chefs de pièce et leurs pointeurs se sont portés en avant sur ordre : Reconnaissance des chefs de pièce et des pointeurs. Pierre à qui j'ai montré les piquets des 4 pièces indique à chacun sa place. Les pièces arrivent tandis que je me retire dans la maison voisine pour calculer, à la lueur de ma lampe électrique, les tirs qui me sont remis par le lieutenant Genet, laissant à Pierre le soin de mettre en direction avec le théodolite simplifié dont l'éclairage de nuit marche admirablement ainsi que ceux des appareils de pointage (c'est la première fois que nous les utilisons pour de bon).

Vers minuit, je sors de la maison avec mes tirs préparés, les éléments du tir d'arrêt normal sont passés aux pièces qui sont chargées.

Puis tout le monde s'étend dans le verger, sur le sol, roulé dans sa couverture et dans son manteau. Nous sommes tous les trois côte à côte sous l'arbre du PC. Le ciel, un beau ciel de nuit d'été est splendide. Un servant par pièce, veille prêt à tirer si la fusée verte prévue s'élève dans le ciel. Seuls les téléphonistes travaillent, ils sont partis dérouler leur ligne qui nous réunira au groupe dont le PC est, parait-il, à au moins deux kilomètres au sud. Une drôle d'idée que le commandant a eue de s'installer si loin de ses batteries.

Il parait qu'ainsi, il est à la botte du colonel d'infanterie que nous appuyons. Le plan des liaisons téléphoniques est le suivant : la 4e batterie est reliée à la 5e qui est reliée à la 6e. Cette dernière est reliée au groupe par la ligne de 2 kilomètres. Si cette ligne est coupée, plus rien ne fonctionne. Il n'a pas été question d'observatoire. Mais je sais que de partout on voit le versant ennemi de la vallée de la Bresle, sans toutefois qu'il soit possible de voir le fond de la vallée. En particulier, la hauteur qui masque la 4e batterie et qui se trouve immédiatement à sa droite pourra me permettre le cas échéant d'y voir et de commander de là, la batterie à la voix.

© Collection privée : canon de 155 mm en juin 1940.

Vendredi 7 juin 1940

La constellation d'Orion va disparaître avec l'aurore. Il faut faire lever tout le monde, avec le jour les toiles de tentes étalées par terre et les rangées d'hommes allongés côte à côte feraient de beaux objectifs pour les avions allemands. Il faut se cacher sous les arbres, d'ailleurs il y a du travail, des tranchées à creuser à chaque pièce et un camouflage soigné à fabriquer.

© Collection privée : canon de 155 mm en juin 1940.

Tout le monde est au travail, les pièces sont soigneusement camouflées, on creuse. Mais à tout instant, il faut siffler pour faire garer le personnel sous les arbres, le vrombissement des avions dans le ciel à haute altitude est presque continu et dans ces conditions de travail on ne peut pas avancer aussi vite qu'on le voudrait. Heureusement, ces avions ne bombardent plus, il parait que quelques chasseurs canadiens se sont montrés et que cela a suffi à rendre les Allemands moins agressifs. Dans la matinée, le vaguemestre apporte le courrier. Puis le lieutenant Grasset vient m'apporter le ravitaillement en munitions. Comme il n'arrive pas à trouver la 6e batterie (dont je ne connais toujours pas la position exacte), il me laisse la part qui lui revient avec la mienne. C'est très gênant, il faut camoufler tout un amas considérable de caisses que deux arbres n'abritent pas, et cela provoquera pendant la journée de nouveaux va-et-vient qui auraient pu être évités.

Le lieutenant Grasset raconte des choses pas très gaies. Il parait que les Allemands ont transpercé nos lignes immédiatement à droite de la 31e division d'infanterie. Je lui demande de faire venir la camionnette du forgeron, car les mulets ont besoin d'être ferrés. Le lieutenant Genet vient nous voir aussi. Le commandant me demande de reconnaître une position pour une pièce guide devant effectuer éventuellement les réglages du groupe. Je décide de m'en occuper en début d'après-midi. À 11 h, la soupe est apportée de l'échelon avec une voiture attelée d'un mulet convoyée par le brave cuisinier Berthou. Dubuey et moi déjeunons en tête à tête. L'artillerie ennemie se fait entendre. Elle parait vouloir interdire par un tir de harcèlement le carrefour de Pierrecourt.

© Collection privée : canon de 155 mm en juin 1940.

Pratiquement, le point moyen parait être sur les sorties sud ou sud-est du village. La 6e batterie doit être en mauvaise posture. Non loin de notre central téléphonique, de gros éclats d'obus tombent à notre droite.

À 12 h 30, je me mets en route avec Ruquet pour la reconnaissance de la pièce guide. Je pars d'abord en voiture et j'oriente nos recherches jusqu'au lieu-dit « Nouveau Monde ». Je profite de la circonstance pour rechercher encore, mais en vain, une position de rechange pour ma batterie. Finalement, je renvoie Perrier à l'échelon et je me dirige avec Ruquet à travers champs vers Mienval. Nous sommes dans un champ de blé quand un groupe de quatre ou cinq avions allemands surgit en rase-motte. On s'aplatit par terre, les avions passent en mitraillant juste au-dessus de nous peut-être à 30 mètres. Nous nous relevons sans mal. À l'horizon vers l'ennemi des éclatements de DCA se produisent formant comme un immense barrage continu. Un avion évolue au milieu des explosions, puis il traverse le barrage et se dirige en droite ligne vers le sud à au moins 5000 mètres d'altitude. C'est un avion français, le seul que nous ayons vu depuis bien longtemps. Un avion allemand vient de se montrer à son tour qui s'élance à sa poursuite avec une vitesse au moins le double. L'avion français n'est plus qu'à quelques mètres, derrière sa proie, on entend un bruit faible de mitrailleuses, un jet de balles traceuses sort de la queue du Français, et passe sous l'avion allemand qui riposte à son tour par un autre jet de balles traceuses; une flamme, une trainée de fumée, et l'avion français tombe, comme une feuille morte, son adversaire fait demi-tour, et il disparaît. Le drame a duré 30 secondes.

© Collection Nara : canon de 155 mm en juin 1940.

Je reviens vers Pierrecourt et choisis une première position de pièce guide à 300 mètres derrière la 4ᵉ batterie sous un arbre près du chemin. Ce n'est pas épatant, mais suffisant pour une pièce baladeuse. Il fait très chaud. Je laisse Ruquet sur notre position et continue à me promener seul aux environs de la 6ᵉ batterie et à l'est de Pierrecourt, sans d'ailleurs trouver non plus aucune position possible même pour une seule pièce.

Je découvre ainsi les échelons de la 6ᵉ batterie à proximité desquels il y a des mulets morts, qui répandent déjà une odeur peu agréable. C'est le résultat du tir de harcèlement ennemi, qui justement reprend en ce moment de plus belle. Je me trouve entre les tirs longs et les courts. Les éclats retombant autour de moi, l'endroit est mauvais, si je suis blessé je risque de rester longtemps là sans secours. Je rentre à la batterie heureusement indemne.

Vers le soir, Pierre rentre de sa liaison avec l'infanterie, sa présence là-bas était devenue inutile. Il est toujours aussi calme et parait n'avoir rien fait d'intéressant pendant la journée. Il n'en parle même pas. Il faut dire que nous avons bien sommeil. La nuit s'annonce comme devant être calme, elle sera la bienvenue. Il est 20 h quand la soupe est distribuée. Sabatier a eu la bonne idée d'agrémenter le menu de l'ordinaire avec un lapin en civet qu'arroseront quelques fines bouteilles trouvées on ne sait où. On s'assied autour de la caisse à fusées qui sert de caisse popote et on s'installe sous l'arbre du PC. Et on se prépare à faire honneur au diner bien que le harcèlement d'artillerie ait repris et que le vent ayant probablement molli, le point moyen se soit sensiblement rapproché de la batterie. Mais non, voici le motocycliste du commandant qui arrive avec un papier à la main. Le commandant convoque ce soir les trois commandants de batteries à son PC. Une voiture doit nous prendre à 20 heures au carrefour sud-ouest de Pierrecourt. Il est 20 h 15, je boucle mon ceinturon, je prends mon casque et ma canne, un morceau de lapin et un morceau de pain, et en route…

Me voilà au carrefour, pas de voitures ; Giraud et Guiraud arrivent peu de temps après moi. Il y a 20 minutes que nous attendons et la voiture annoncée ne se montre toujours pas. Nous décidons d'aller finir chacun notre diner et nous nous donnons rendez-vous à 21 h 15. Nous attendons la voiture jusqu'à 21 h 45. Le chauffeur nous explique que les fantassins ayant barricadés la route directe il lui a fallu faire, un grand détour pour venir jusqu'à nous. Diable s'il faut 2 heures pour aller du groupe aux batteries et autant pour revenir nous ne sommes pas couchés avant 2 heures du matin.

La voiture nous emmène. Il fait nuit avec un ciel magnifique, illuminé par des fusées éclairantes, il y a un bruit continu d'avions. Plusieurs fois, le chauffeur parait hésiter sur la route qui est souvent encombrée. Vers 23 h 30, il s'arrête, il parait que nous sommes arrivés. Effectivement, il gare sa voiture sous les arbres à côté d'autres voitures du groupe. Nous sommes en pleine forêt. Dès qu'on sort de la voiture, on nous conduit à la tente du commandant.

Nous y retrouvons tous les officiers de l'état-major du groupe. Mulot ferme hermétiquement l'entrée, le commandant ouvre sa lampe électrique et nous serre la main, très calme. Il a été convoqué au PC de l'artillerie divisionnaire (A.D) et a préféré nous réunir pour nous mettre au courant de la situation.

On s'attend à une attaque puissante d'engins blindés dans la journée de demain. Les lignes sont forcées à notre droite. À l'A.D, on est catastrophé. Tout le monde s'est confessé et a communié, le colonel Guerin en tête. La confession générale de l'A.D nous fait bien rire. C'est tout ce que le commandant a à nous dire. Nous repartons.

Une fois dans la voiture nous éclatons tous les trois : « *Nous empêcher de dormir pour nous dire simplement cela… si le commandant ne voulait pas téléphoner, il n'avait qu'à nous envoyer un officier de son état-major, ils sont faits pour cela… ».* À 1 h 30, j'ai rejoint la batterie, je m'étends à côté de Pierre et Dubuey en prenant bien soin de ne pas les réveiller.

Samedi 8 juin 1940

3 h 30 : on se réveille avec le jour, on refait le camouflage, on astique les pièces. Le lieutenant Grasset fait encore une courte apparition dans la matinée. D'après lui, de gros chars allemands ont atteint Rouen et y font du ravage. Les Allemands sont sur la seine, pendant que la 31e division d'infanterie est sur la Bresle. Eh bien oui, après tout peut-être va-t-on reprendre la marche en avant, pour boucher un trou il faut attaquer ! En attendant, j'ai envie de faire riper la première section sur la droite, elle est vraiment trop mal masquée depuis qu'on a élagué les arbres qui sont en avant de la première et de la 2e pièce.

© Collection IWM : char allemand de juin 1940 de la 7ᵉ division de Rommel.

Avec l'Adjudant Cau, nous reconnaissons deux nouvelles positions de pièces derrière des arbres plus touffus. Ce déplacement donnera en même temps à la batterie un front plus grand (130 mètres), elle sera moins vulnérable. L'opération s'effectuera dès la nuit tombante à 22 heures.

L'adjudant Francis Cau veut me faire coucher dans un lit, dans la maison, qui est à droite de la position. Il y a une chambre dans laquelle on rentre par la fenêtre (la porte est fermée à clé). Je me fais tirer l'oreille, car je préfère être plus près des pièces. Enfin soit, j'irai dormir là. Midi la soupe arrive. À part les avions qui ne bombardent plus nos positions et le tir de harcèlement de l'artillerie ennemie, le calme est complet.

Des observatoires, on ne voit pas un mouvement sur les hauteurs de la rive droite de la Bresle. On me signale qu'une femme qui habite une ferme en arrière de la position, a une attitude très douteuse. Elle est venue plusieurs fois sur la position. Cette nuit, elle paraissait faire des signaux avec une lumière. Et on a vu chez elle, deux hommes en uniforme de fantassin français qui semblaient se cacher. J'envoie Costa et deux téléphonistes enquêter.

16 h 15, soudain des bruits de mitrailleuses se font entendre.

16 h 30 : Sonnerie de téléphone : « *tir d'arrêt* » demandé par le PC du Groupe.

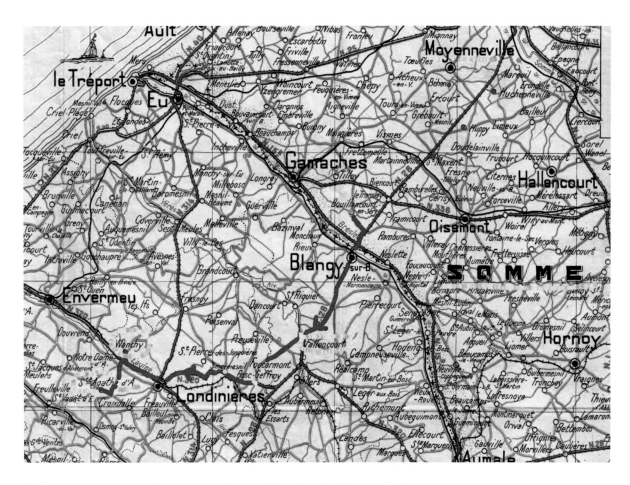

© Carte du retrait de la 56ᵉ RAMD et de sa division, la 31ᵉ division d'infanterie.

Coup de sifflet, tout le groupe se met à tirer et dans l'intervalle des coups j'entends derrière nous le bruit des départs des canons de 155 et de 105 et en avant celui des mitrailleuses de l'infanterie. Tout cela a vraiment l'allure d'une grande bataille.

Nouvel appel téléphonique qui demande : *« répétez les tirs d'arrêt »*.

Tout d'un coup, des lueurs apparaissent, ainsi que de la poussière soulevée au sol. Au bruit des départs se mêlent des fracas d'arrivées. Nous sommes bombardés par la contre-batterie ennemie, et bien encadrés. Il y a des tirs courts en avant et des tirs longs en arrière de notre batterie. Notre batterie ne faiblit pas, le groupe fait répéter les tirs et il en indique de nouveaux qui sont calculés immédiatement. Je vois Pierre et Dubuey, mais notamment Francis Cau qui courait d'une pièce à l'autre en hurlant des commandements de tir, et les pourvoyeurs qui transportent sans arrêt sur leur dos des caisses de munitions. Chacun n'a plus qu'un souci, faire son devoir jusqu'au bout. Pour un peu, on chanterait « La Marseillaise ». Et voilà que Berthou apparait avec son mulet et sa soupe, lui aussi, il a compris son rôle malgré la contre-batterie allemande.

Entre deux coups de canon, on mange un morceau.

À 19 h, je me suis réfugié un instant dans la tranchée creusée par les téléphonistes au pied de mon arbre pour calculer un tir de plus. Le téléphone sonne ? Un éclat passe en sifflant à 50 cm au-dessus de ma tête, rasant le sol. Je saute hors du trou : *« Allo, j'écoute…*

J'entends la voix de Martin : *« mon capitaine, le téléphone est coupé avec la 6ᵉ batterie »*. Je réponds : *« Envoyez une équipe de réparation immédiatement »*. Réponse de Martin : *« bien »*.

De loin, j'aperçois Decazis et Ruquet qui sautent hors d'une tranchée avec un sac d'un téléphoniste et qui s'éloignent. Le téléphone ne marche plus : qu'à cela ne tienne, la 6ᵉ batterie transmet les ordres de tir du groupe par un cycliste, je les exécute après les avoir retransmis à la 4ᵉ batterie par téléphone.

20 h : le cycliste de la 6ᵉ batterie apporte encore un bout de papier chiffonné sur lequel Giraud à écrit : « décrochage à 22 h. Rassemblement au carrefour Maitre-Jean ». Une pièce de la 4ᵉ batterie restera en position jusqu'à 2 h et exécutera des tirs sous les ordres de l'aspirant Junca. Elle sera transportée ensuite par une camionnette de la colonne de ravitaillement (CR). Le cycliste Louis part à l'échelon donner des ordres. Le téléphone est coupé cette fois avec la 4ᵉ batterie. Il y a plus de trois heures que nous tirons sans arrêt et les Allemands aussi d'ailleurs. J'ai fait un tour aux alentours de la position, tout va bien. Les téléphonistes sont toujours en train de réparer les lignes. Les mitrailleuses veillent, leurs deux mitrailleuses barrent la route qui sort de Pierrecourt à notre gauche. À droite, un fusil-mitrailleur surveille l'autre route. Le deuxième fusil-mitrailleur surveille les arrières de la position. On est prêt à tout.

Costa est revenu avec « l'espionne ». Elle parait en effet avoir eu une attitude très douteuse, on la garde à vue. Voilà Sabatier qui revient. Près du PC, il s'aplatit brusquement en même temps qu'un éclatement se produit tout près : *« Mon capitaine, ça y est, je suis blessé »*. Un camarade le conduit à la camionnette sanitaire qui n'est pas loin.

21 h 50 : Bourdel arrive en courant, les premiers mulets le suivant à peu de distance au trot.

« Cessez le feu, par la droite face en arrière amenez les mulets »

Par bonheur, les Allemands se taisent en même temps que nous. Les mulets repartant un à un, au trot avec leur chargement. Je double la camionnette sanitaire d'où Sabatier me sourit : *« ce n'est rien, une simple égratignure »,* me dit-il. Sur le chemin de la retraite, il y a un embouteillage avec les mulets de la 4ᵉ batterie qui arrivent eux aussi. Un Coup de sifflet, on s'arrête. Les chefs de pièce rendent compte des dégâts subis. D'abord, il n'y a pas un mort, pas un blessé et c'est un vrai miracle. Par contre, la manivelle de pointage en direction de la 2ᵉ pièce a été emportée par un éclat d'obus, c'est un malheur irréparable. Les roues de la première pièce ont perdu des rayons, mais elles tiennent encore. Le bouclier de la 3ᵉ pièce est coupé en deux du haut en bas, il tient avec du fil de fer. Des douilles ont pris feu dans une caisse à munitions qui a été criblée d'éclats, avec l'aide d'une corde la caisse continue à porter d'autres charges. Tout se met en ordre, les mulets en bataille, et on repart la cigarette aux lèvres, la canne à la main. « L'espionne » encadrée par deux téléphonistes ouvre la marche. La batterie a adopté plusieurs chasseurs qui viennent de débarquer de Norvège et qui sont perdus.

Au carrefour Maitre-Jean, je m'arrête pour parler avec le commandant qui semble inquiet, en laissant passer la batterie. Le commandant me dit : « *Enfin, vous voilà, je commençais à me demander ce que vous attendiez.* Je lui réponds : *"Mon commandant... décrochage à 22 h... il est 22 h 15"*. Le commandant me répond *: "Bien, mais où est la 6ᵉ batterie ? Il parait qu'elle est partie vers 20 h... les Allemands n'en étaient pas loin..."*

Je réponds : "Non vu, la 6ᵉ batterie". Le commandant me donne l'itinéraire. Je rejoins la tête de la batterie à grandes enjambées et en route. Il fait nuit maintenant. Les bruits de mitrailleuses ont cessé. Celui des avions continue, tandis que s'allument les fusées éclairantes.

Dimanche 9 juin 1940

La 6ᵉ batterie a été retrouvée, elle suit. Mais elle a été durement éprouvée par la contre-batterie allemande. La route a été à plusieurs reprises embouteillée par les fantassins. Quand le jour se lève, c'est une colonne ininterrompue qui se déroule comme un long serpent. Heureusement, il n'y a pas d'avions.

À 5 h, nous allons arriver au bout de l'itinéraire indiqué. Le commandant double la colonne en auto. Nous devançons tous deux le groupe et choisissons une position d'attente. La batterie s'arrête à l'abri de haies et sous le couvert de rangées d'arbres, vers le pourtour d'un vaste pâturage. Les autres unités s'installent pareillement. Le commandant va demander des instructions au nouveau PC de l'AD. Nous sommes à Bosc-Geffroy. Je n'ai d'ailleurs plus aucune carte de la région. J'estime que l'on s'arrêtera bien ¾ d'heure, on a donc le temps de faire du café. Le brigadier d'ordinaire met en batterie une cuisine muletière. Le casse-croûte est distribué. Le commandant revient, on repart immédiatement vers Londinières. Le groupe se remet en marche, la 5ᵉ batterie repart en queue avec un retard de 1/4 d'heure. J'accélère la vitesse pour rattraper le groupe. À Smermesnil, j'avise une inscription "Gendarmerie nationale", où un gendarme nous regarde passer. C'est le moment de se débarrasser de notre "espionne" que nous trainons toujours avec nous. Les téléphonistes la passant en consigne au gendarme.

Londinières est dépassé, à Wanchy on tourne à gauche vers Sainte-Agathe. Une position d'attente est vite reconnue dans la portion au sud-est du village. La batterie s'y engouffre. La cuisine s'installe à proximité, mais il est 11 h et la soupe ne sera prête qu'à 14 h. L'abreuvoir est fait aussitôt, mais les mulets restent bâtés. Toute la batterie s'endort. La chaleur est presque insupportable. Pierre dort étendu par terre, le torse nu à côté de Dubuey. Il a l'air très fatigué. Au cours de l'étape, je lui ai dit de monter en voiture, il a refusé. À la prochaine étape, il faudra qu'il se repose. Personnellement, mon besoin de sommeil a disparu avec la monotonie de la marche.

Il me tarde que le commandant revienne de l'AD où il est reparti demander une fois de plus des instructions. Il est évident que l'on devrait être en batterie. En attendant, je fais un brin de toilette en compagnie de Cau, puis la soupe étant prête, je fais réveiller tout le monde à 15 h, car il ne suffit pas de dormir.

On attend toujours le commandant. Enfin le voilà avec un lot de cartes de l'état-major. Il parait que les Allemands arrivent. Il faut mettre en batterie tout de suite près de Sainte-Agathe-d'Aliermont. Pierre s'occupe de faire charger et atteler. Je pars en voiture avec ma reconnaissance. Si l'on veut utiliser la crête de Sainte-Agathe comme masque il faut se mettre très loin au sud, trop loin pour que la crête puisse servir d'observatoire sans faire un grand déploiement de transmission. On préfère donc s'installer sur la crête masquée par les arbres du verger. 2 batteries vont s'installer près du carrefour du G.C 115. La 5e batterie ira plus à l'ouest.

Pierre doit bientôt se mettre en route dans la direction de Notre-Dame-d'Aliermont que je lui ai indiqué. Mais, avant que j'aie le temps de me retourner, il a dépassé sur la route la position que je viens de reconnaître. Je file en voiture et en reconnais une nouvelle 800 mètres plus loin où la batterie s'installe tandis que déjà les colonnes d'infanterie défilent sur le chemin de la retraite. Les téléphonistes déroulent un fil avec le groupe.

La soupe du soir qui cuisait encore à Sainte-Agathe est apportée là sur une charrette. Les ordonnances nous servent notre repas dans une petite maison dont les occupants sont partis. Des observateurs surveillent la direction d'où peut venir l'ennemi.

À 20 h, l'ordre de se mettre en route est à 21 heures. Pierre me raconte que, pendant que la batterie se préparait tout à l'heure, un motocycliste a traversé Sainte-Agathe transportant sur son Tam sad un officier qui criait : "les Allemands arrivent, partez, partez ". Cette apparition a fait une telle impression sur les hommes que la batterie a été prête beaucoup plus tôt que je ne l'avais calculé. Les téléphonistes relèvent la ligne et à 21 h, la 5e batterie s'introduit à sa place dans la colonne du groupe. Nous suivons la batterie qui est devant nous. Après Saint-Jacques-d'Aliermont, je ne sais plus où l'on va, on est sorti du cadre de l'unique carte que je possède.

Un, deux, trois ponts sautent derrière nous sur la Béthune. Sabatier a rejoint la batterie, il fait l'étape avec nous, à pied ou sur « Gamin » (son cheval).

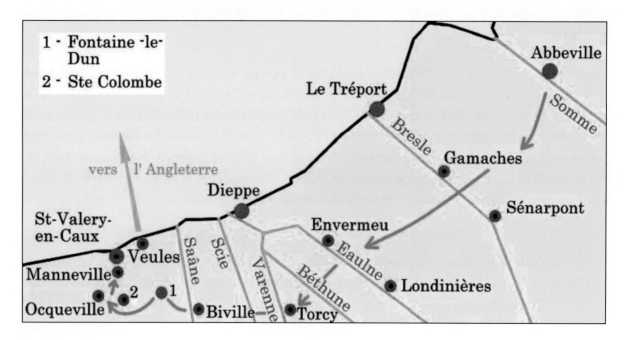

Lundi 10 juin 1940 (*Les munitions commencent à manquer*)

Nouvelle marche de nuit, nouveaux embouteillages avec l'infanterie et avec des colonnes entières de réfugiés surtout au lever du jour. Longue station dans la forêt d'Eawy (région des Grandes Ventes). La marche continue de jour ; heureusement, le ciel est désert. Décidément, les avions allemands ne s'intéressent plus à nous. Cela redonne confiance.

Vers le Catelier, les voitures emmènent en reconnaissance les commandants de batteries avec le commandant du régiment. Les ordres sont de se mettre en batterie et la zone d'action indiquée s'étend sur 3 200 mètres exactement du Nord au Sud. Nous choisissons un grand bois vers les Cent-Acres. Pendant que les reconnaissances s'échinent, le groupe arrive dans le bois où les officiers de l'état-major l'installent en position d'attente, il est au moins 10 heures du matin.

Peu après on met en batterie dans une vaste échancrure des lisières-est du bois, la 4ᵉ batterie face au Sud, la 6ᵉ face à l'Est, la 5ᵉ face au nord-est. Cette dernière position ne permet pas de tirer vers le Nord. J'en cherche donc une autre dans la partie-sud du bois au début de l'après-midi. Mais c'est en vain.

Le lieutenant Genet occupe un mauvais observatoire auquel le PC du groupe (à quelque cent mètres en arrière de la 5ᵉ batterie) est relié par E.R 22 (radio). Les batteries sont reliées au PC du groupe par téléphone. Enfin, une ligne téléphonique a été déroulée également entre le PC du groupe et celui du colonel du régiment d'infanterie que nous appuyions (le 96ᵉ RIA) qui s'est installé dans une maison à 700 ou 800 mètres du groupe.

Le lieutenant Grasset amène les dernières munitions qu'il possède. Avec lui nous rejoint la camionnette cuisine de la 5ᵉ batterie dont les cuisines ont besoin pour refaire leur provision de vivres. Sageloli a acheté un veau qui est immédiatement abattu. Il n'y a plus de charges B, il faudra donc tirer en charge O ou I, c'est-à-dire sous des angles faibles. Dans ces conditions, la batterie est mise « Essieu-bas ».

Vers 15 h, le commandant se trouve auprès du colonel du 96ᵉ RIA quand le capitaine Mulot reçoit une demande de tir de l'infanterie. Il s'agit de deux tirs désignés par coordonnés hectométriques. Le lieutenant Genet et le commandant, ayant emportés les deux cartes dont disposait le groupe il est impossible de tirer. Pourtant il faut faire quelque chose.

Une seule solution, courir au PC du 96ᵉ RIA où un lieutenant me prête une carte. 3 minutes après, je passe par téléphone les éléments à Pierre et la batterie tire. D'ailleurs, je retrouve le commandant qui me donne sa carte. Je peux revenir à mon PC muni de ce qu'il faut pour travailler. Le lieutenant Genet a été alerté, on lui demande d'observer nos tirs, mais il ne répond pas. L'infanterie continue ses demandes de tirs. La bataille est partout très intense.

Le 3ᵉ groupe tire dans notre dos, des mitrailleuses crachent devant, à droite, à gauche et derrière. Cette situation est angoissante, allons-nous être encerclés ? On dirait que c'est déjà fait. Au plus fort de la bataille, un tir est demandé tout à fait à gauche. Le mouvement prévu s'exécute avec une correction et une rapidité parfaites. Le tir est continu, tant pis si les avions nous repèrent.

On tire sans compter, la 2ᵉ pièce pointe tant bien que mal à la crosse et quand nous partirons nous ne pourrons emporter au maximum que 500 coups. Le reste sera abandonné à l'ennemi. D'ailleurs, l'ordre de se mettre en route pour 18 h arrive. La direction du Havre est notre objectif. Avant de partir, on distribue la soupe. L'étau s'est desserré dans notre dos, le bruit des mitrailleuses est devenu intermittent. À 18 h, le groupe se met en marche avec la 5ᵉ batterie en tête derrière l'état-major. Nous devrions former un groupement de marche avec le 96ᵉ RI. Mais à l'heure où ce régiment devait passer au point initial, c'est le 81ᵉ RIA qui se présente. Le groupe s'introduit entre deux de ses bataillons. La première pièce s'est positionnée en tête de la colonne devant l'état-major. Le brigadier Delranc qui la commande est prêt à mettre en batterie à la première alerte. Les mitrailleuses et les fusils mitrailleurs sont repartis tout le long de la colonne de la batterie et derrière, dans la camionnette cuisine, il y a 2 fusils mitrailleurs qui ont été abandonnés par les fantassins et que Bourdel a recueillis sur le bord de la route. Perrier n'est pas reparu : la voiture de liaison est définitivement morte, il a fallu la remorquer.

Mardi 11 juin 1940 (Rommel et sa 7ᵉ panzer sont à Veulettes-sur-Mer et la route vers le Havre est coupée)

Aucune alerte ! Si les Allemands occupent la région, ils se cachent ! On ne s'arrête plus, nous n'en pouvons plus. Je suis obligé de sommeiller un peu dans une voiture de l'état-major. Je m'endormais sur la route en marchant, plusieurs fois j'ai failli tomber dans le fossé. Je fais monter également Pierre et Dubuey. Ils acceptent, ce qui prouve qu'ils sont à bout de force. Voilà le jour. Un char qui refusait d'avancer brûle dans un champ. Les Britanniques ont abandonné des quantités de camionnettes pleines de vivres. On s'y ravitaille en thé, biscuits et confitures. Au fur et à mesure que l'on avance, l'embouteillage augmente. À un certain moment, Mulot échange des paroles énergiques avec un général anglais dont la voiture barre le chemin. On commence à entendre à notre droite et à notre gauche des bruits de mitrailleuses, on a l'impression qu'une trappe est en train de se refermer derrière nous.

À 10 h, le groupe s'arrête, il parait que la mer est tout près et que nous sommes non loin de Saint-Valery-en-Caux. Naturellement, nous n'avons pas de carte. Le commandant est parti à l'AD. On installe le groupe dans des vergers en position d'attente. Sans attendre le retour du commandant, Mulot me demande de le suivre à cheval pour reconnaître des positions de batteries. Nous nous faisons cavaliers, et nous gravissons une légère pente couverte de champs de lin et de betteraves. Brusquement, la mer apparait. Je ne sais pourquoi, bien qu'aucune angoisse ne m'ait vraiment saisi jusqu'à maintenant, il me semble qu'elle représente comme une délivrance. Le cheval « Gamin » dont la crinière noire flotte au vent et hennit de plaisir suivant son habitude. N'est-ce pas une illusion ? Ne sommes-nous pas arrivés au fond d'une souricière ? Il n'y a pas un bateau. Nous avons vite fait de choisir une position d'où l'on pourrait tirer comme la veille du Nord au Sud vers l'Est. À quelques mètres de là on a des vues assez lointaines, mais rasantes. La 6ᵉ batterie n'ayant plus de munitions, elle ne se mettra pas en position.

On attend le commandant pour mettre en service la batterie. L'adjudant Francis Cau a pris une voiture du groupe pour aller faire des provisions en l'absence de Sageloli. Voici le lieutenant Grasset et d'après lui on doit embarquer en abandonnant tout le matériel et les animaux. La colonne de ravitaillement est à Saint-Valery-en-Caux. Dès qu'il en recevra l'ordre, il y mettra le feu. Et dire que la 5e batterie est arrivée ici au complet sans qu'il manque seulement un boulon à nos canons à part la manivelle de pointage de la 2e pièce.

À 12 h, le commandant n'est pas de retour et l'adjudant Francis Cau non plus d'ailleurs. Je commence à être très inquiet à son sujet. N'est-il pas arrivé dans un village occupé par l'ennemi ? Je n'aurais pas dû le laisser partir comme cela. La camionnette qui porte les sacs des hommes vient à la position d'attente. On change de linge, on endosse sa meilleure tenue, et on prépare son sac dans lequel chacun serre ses plus précieux objets.

© Collection auteur : vétérans de la 51e division écossaise en juin 2009 au château de Cailleville.

À 13 h 30 et depuis 2 heures, il y a un terrible bombardement d'artillerie dans la direction de Saint-Valery. Le bruit des mitrailleuses s'est intensifié dans toute la région-est. Nous avons mangé un peu. Le bombardement de Saint-Valery s'est terminé. Puis le commandant n'arrivant toujours pas, le capitaine Mulot décide d'aller à son tour à l'AD. Il me demande de l'accompagner. Nous montons dans une voiture du groupe. L'AD s'est installé dans un château près de Gueutteville-les-Grès(1). Sur le pas de la porte, un lieutenant de l'état-major de l'AD nous reçoit. Et nous dit : *« c'est très simple, on embarque cette nuit, les ordres vont sortir, le 2e groupe embarquera le premier ».* Il y a aussi le sous-lieutenant Dumard de la 6e batterie, qui a été envoyé à l'artillerie divisionnaire, depuis notre arrivée en station pour occuper la liaison du groupe avec elle.

(1) Le château est situé à Cailleville. C'était aussi le PC du général Fortune de la 51e division écossaise.

Le capitaine Mulot qui est allé voir le chef de l'état-major (capitaine Waynel) a reçu l'ordre de se mettre en batterie près de Gueutteville. On n'a pu lui donner aucune indication sur le commandant qui a quitté l'A.D le matin peu après 10 h. Il lui est certainement arrivé malheur, mais où ?

Nous allons en auto à Gueutteville. Nulle part, il n'y a de position acceptable. À un moment donné, nous sommes entourés de canonniers du 73e régiment d'artillerie (73e RA) qui fuient vers la mer en courant. Le capitaine Mulot interroge l'un deux qui dit : « *Ah mon capitaine, c'est terrible, des chars sont arrivés il a fallu faire sauter nos pièces et nous partons* ».

Nous renonçons à nous installer à Gueutteville, et nous en informons l'artillerie divisionnaire, que nous allons mettre en batterie à l'endroit déjà reconnu au nord de Manneville-ès-Plains. Pendant tout ce temps, le bruit des armes automatiques a crû dans une notable proportion dans toutes les directions. De temps en temps, notre artillerie lance quelques coups de canon. Une véritable bataille se livre vers Saint-Valery-en-Caux et une autre vers Veules-les-Roses. Il me tarde de pouvoir faire parler mes pièces et de pouvoir commencer à dépenser les 500 coups dont je dispose avant d'être forcé de faire sauter ma batterie. À peine de retour au groupe je fais atteler les pièces et mettre en batterie à l'endroit prévu, c'est au-dessus d'un chemin creux dans un tout petit vallonnement. L'A.D nous a demandé de tirer vers le sud-est. Il parait que Saint-Valery est occupé par l'ennemi. Notre infanterie, elle ne doit pas se battre, elle ne demande rien. À toutes fins utiles, je prends deux surveillances, une vers l'Est, l'autre vers l'Ouest. Il suffit de faire faire sur place un demi-tour complet à chaque pièce et de permuter leurs numéros pour passer d'une surveillance à l'autre. Drôle de situation, c'est Pierre qui met en surveillance.

© Collection auteur : vue des falaises de la côte d'albâtre entre Veules-les-Roses et Saint-Valery-en-Caux.

L'adjudant Francis Cau vient de revenir à pied avec son chauffeur. Ils ont été pris sous le bombardement de Saint-Valery par l'artillerie ennemie et ils se sont réfugiés dans une cave. Leur voiture a été mise hors d'usage. La 4ᵉ batterie s'est installée au carrefour du chemin creux avec la route Saint-Valery-Veules à 400 mètres de la 5ᵉ batterie. Une liaison téléphonique relie les deux batteries entre elles. Il est décidé que je tirerais sur Saint-Valery et la 4ᵉ batterie vers Veules. Pendant la mise en surveillance je pars à la recherche d'un observatoire, mais je dois y renoncer. Il faut être sur Saint-Valery pour voir la ville et alors je serais trop loin de la batterie pour en commander le tir.

Sur la route nationale, où il y a une circulation intense, un officier de cavalerie m'assure que Saint-Valery est encore aux mains des Français. Tout au plus, quelques chars allemands peuvent s'y promener. Mais il ne faut surtout pas tirer sur la ville *(1)*.

Nous tirerons donc sur les lisières-ouest. Avec un morceau de carte Michelin que Mulot m'a remis, j'évalue la portée. J'ai repéré tant bien que mal la direction. Nous envoyons une rafale de quelques coups à 7000 mètres. C'est vraiment un tir au jugé, mais le bruit de l'artillerie donnera toujours du courage à ceux qui se battent. Malheureusement au premier coup la 4ᵉ pièce qui a dû être avariée à Pierrecourt, ne revient pas en batterie. Nous n'avons plus que 3 pièces, dont la 2ᵉ pièce qui est sérieusement endommagée.

Voilà que le téléphone se met à sonner, c'est le capitaine Mulot qui se tient sur la route près de la 4ᵉ batterie. Je ne sais pas par quel mystère un officier du 73ᵉ RA vient d'arriver de Saint-Valery-en-Caux moins de 10 minutes après la rafale. Il dit que nos coups sont tombés à 200 mètres à droite d'un rassemblement de chars ennemis et 400 mètres courts. Il demande que je modifie mon tir en conséquence. Aussitôt dit, aussitôt fait, 60 coups partent à cadence 10, durée 1 minute. De nouveau, le même officier, qui est reparti, et revenu, fait modifier le tir. Les chars se déplaçant, nous les rattrapons, ils se déplacent encore, la batterie les suit. Cette manière d'observer le tir est un peu lente, mais elle est réconfortante, on ne lance plus des obus dans le vide *(2)*. À tout instant, des fuyards passent sur la position pour gagner la mer.

Des avions allemands nous survolent en rase-motte et mitraillent la batterie. Heureusement sans mal. La 4ᵉ batterie, qui a vidé ses caisses à munitions sur Veules-les-Roses, démolit ses pièces. La 6ᵉ batterie les a déjà fait sauter. Le groupe est réduit avec uniquement la 5ᵉ batterie et ses 150 derniers obus.

(1)   « La situation militaire est assez confuse, le chef d'escadron commandant le 2e groupe du 56e RAMD, Commandant Anduze, parti à midi en direction de St Valéry à la recherche du PC du régiment, n'est pas encore revenu et ne devait plus revenir tué à St Valéry vers 14 h 30 dans la voiture du colonel Verdier, commandant le 81e RIA, accompagné de son capitaine adjoint lieutenant Alcalis. Ces 3 officiers, tués sur le coup par l'éclatement d'un obus tombé à 4 mètres derrière la voiture, reposent au cimetière de la ville. Le capitaine Mulot, capitaine adjoint, prend le commandant du groupe ». Extrait du rapport de l'adjudant Francis Cau du 56ᵉ RAMD

(2)   « Vers 20 heures, un coup de téléphone annonce au Capitaine Jean Robert que ses tirs ont été observés par un sous-lieutenant du 73e d'artillerie qui passe le message suivant : "J'ai pu observer votre tir, il était très bien, vous avez atteint des chars ennemis, tirez maintenant 400 mètres à droite, car les chars se sont déplacés." La batterie tire jusqu'à 23 heures. Quelques coups fusants éclatent au-dessus de la position sans faire de mal ». Extrait du rapport de l'adjudant Francis Cau du 56ᵉ RAMD.

Peu à peu, la bataille s'est calmée à Veules-les-Roses et à Saint-Valery. La batterie cesse le feu. La nuit tombe. Les servants et conducteurs passeront la nuit sur la position aux ordres du sous-lieutenant Pierre Thomas, prêt à tirer s'il le faut, prêt à s'embarquer si l'ordre en est donné. Chacun a fait son sac. Personnellement, je me tiendrai au PC du groupe à côté du capitaine Mulot au début du chemin creux sur la route qui longe les lisières-nord de Manneville-ès-Plains. De cette façon, je suis sûr que la liaison sera bien assurée entre le groupe et la batterie.

Nous n'avons toujours pas de nouvelle du commandant. Nous sommes terriblement inquiets. Où peut-il être ? A-t-il été fait prisonnier ? Est-il blessé, tué peut-être ? Où aller à son secours ? Les premières heures de la nuit s'écoulent.

À minuit, le sous-lieutenant Dumard qui est toujours en liaison avec l'artillerie divisionnaire n'a pas donné signe de vie. Et cet embarquement pour lequel nous devions avoir la priorité n'est toujours pas ordonné *(1)*.

Le capitaine Mulot n'y tient plus, il part à l'A.D et il m'emmène. Dans la nuit noire, il est impossible de se repérer et nous nous perdons. Mais Mulot a une sorte d'instinct qui le guide. Nous filons sur une route. Nous croisons de petits détachements d'Anglais dûment encadrés qui se dirigent vers la mer. Nous filons toujours. Le bruit des mitrailleuses se rapproche. Le chauffeur a une peur terrible de voir surgir l'ennemi. Voilà enfin une sentinelle anglaise. On lui demande si elle sait où est le PC de la 31ᵉ DI française. La sentinelle nous conduit à une maison pleine d'Anglais. Nous nous adressons à un interprète français, renouvelant notre demande.

L'interprète nous conduit dehors, il nous remet à un planton anglais, qui nous conduit a un autre planton français. Celui-ci nous fait faire mille détours et se perd vingt fois. Enfin, il s'arrête en nous montrant une voiture fermée arrêtée dans un verger.

Le lieutenant-colonel Lacroisade, chef de l'état-major de la 31ᵉ DI en sort, et s'étonne de nous voir là. Il doit être 1 heure du matin. Et nous lui demandons : « Mon colonel nous n'avons presque plus de munitions (une centaine de coups pour tout le groupe). À l'A.D, on nous avait dit que nous embarquerions cette nuit. Nous n'avons aucun ordre, que devons-nous faire».

Il répond : « *Vous embarquez ? Il n'y a pas de bateaux* ». Le lieutenant-colonel Lacroisade nous conduit à 30 mètres de là à une autre voiture. Il frappe à la portière. Le général Vauthier commandant la 31ᵉ DI apparait. Nous répétons notre demande. Le général réfléchit 10 secondes, puis lentement nous déclare : « *Messieurs, nous avons un secteur à défendre, il faut le défendre jusqu'au bout* ».

Nous répondons « *bien* » *et* nous repartons au groupe ou nous couchons côte à côte dans le fossé de la route.

(1) Vers 0 h 30, un ordre reçu par téléphone prescrit de mettre les canons hors de combat et de se préparer à embarquer en emportant les armes individuelles et automatiques ainsi que les sacs. Les appareils de pointage sont alors faussés les culasses démontées et les différentes pièces dispersées dans les champs aux alentours. La batterie se rassemble en ordre dans le chemin creux et fait une centaine de mètres dans la nuit. La pluie a commencé de tomber. Tout à coup, un ordre arrive : « Halte, attendez de nouveaux ordres. ». Les hommes sommeillent en s'abritant de leur mieux.

Mercredi 12 juin 1940 *(la reddition est à 8 heures demandée par le général Ihler du 9ᵉ corps d'armée)*

4 h : notre réveil est dans un demi-brouillard, une pluie très fine tombe. Les Anglais par petits détachements rigoureusement encadrés continuent à se diriger vers Saint-Valery. Il en passe un groupe tous les quarts d'heure au moins. Le capitaine Mulot nous apprend que les fantassins sont décidés à s'ouvrir un chemin vers le Havre. Il faut que nous les appuyions. Il faut aussi que nous leur donnions nos armes automatiques avec nos cartouches, car plusieurs compagnies ont déjà brisé les leurs en vue de l'embarquement. Je suis ravi, je cours à la position de batterie. Pierre arrive au-devant de moi et me raconte que cette nuit pendant que j'étais absent avec Mulot, l'ordre est arrivé pour s'embarquer sur les navires. Il a fait démonter les culasses et enlever les appareils de pointage et a commencé à se diriger vers la falaise avec les hommes, mais un contre-ordre a été donné et tout le monde est revenu à la position de batterie. De qui ont pu provenir ces ordres et contre-ordres ? Peu importe, j'explique à Pierre que les fantassins sont décidés à se battre. Il faut donc remettre coûte que coûte les pièces en état de tirer. J'aperçois la mer et un bateau de guerre avec plusieurs cargos qui sont entourés de chaloupes. J'appelle les adjudants Cau, Bourdel, Deuxliard et le brigadier Ricaud.

© Collection auteur, musée des blindés de Saumur : canon de 75 de 1897 toujours en service en juin 1940.

L'adjudant Deuxliard reçoit l'ordre de porter les mitrailleuses et les fusils mitrailleurs avec leurs munitions au 81e RIA. L'Adjudant Cau reçoit celui de s'occuper avec les chefs de pièce du remontage des culasses. L'adjudant Bourdel doit essayer de rassembler les mulets que les conducteurs ont détachés dans la nuit, il doit les faire bâter, et transporter l'échelon dans le parc du château de Manneville, où il sera mieux installé. Il faut qu'il se tienne prêt à emmener les mulets.

Enfin, Ricaud, le brigadier d'ordinaire, ayant rendu compte qu'il a encore du veau et des petits pois en conserve, reçoit l'ordre de préparer un repas pour 9 h ou 10 h. Au bout de très peu de temps l'adjudant Deuxliard rend compte que les fantassins ont accepté nos armes automatiques et l'adjudant Bourdel qu'il a pu rattraper tous les mulets qui sont en train de gagner leur nouvel emplacement en bon ordre après avoir été bâtés. L'adjudant Bourdel a également fait porter au 81e RIA les deux fusils mitrailleurs qu'il a trouvés avant-hier. Je me rends à la position d'échelon et j'y trouve les cuisiniers en train d'allumer le feu sous un cèdre immense qui se trouve dans le parc. Les mulets s'installent sous les arbres qui ne manquent pas. Le moral est excellent. De l'artillerie lourde se met à tirer ; peut-être le navire de guerre.

Pierre et Dubuey se sont occupés avec l'adjudant Francis Cau de faire remettre mes pièces en état de tirer. L'opération est presque terminée. On remet en état 3 pièces. Il doit être 8 heures, je décide de tirer quelques coups au-delà de Saint-Valery-en-Caux pour donner du courage aux fantassins. Pierre se met en surveillance. Je me suis éloigné un peu avec Giraud et Mulot. On va pouvoir tirer. Mais un violent mitraillage se produit à gauche dans les vergers qui couvrent un bon tiers de l'horizon. Qu'est cela ? Mulot, Giraud et moi, nous nous rapprochons de la batterie. Un fuyard passe, il nous crie que des chars allemands arrivent. Des chars… je commande : « Batterie, garde-à-vous, pièce essieu-bas ».

© Collection privée : chars allemands Pzkpfw (38 t) de juin 1940.

Le capitaine Mulot est d'avis qu'il faut interdire la route entre Manneville-ès-Plains et Saint-Valery-en-Caux. Nous faisons tirer quelques coups sur cette route à 500 mètres en avant des pièces. Mais je fais bientôt stopper ce tir qui mangerait toutes nos munitions sans grand effet.

On attend 10 minutes, le mitraillage continue. Puis deux chars apparaissent à l'extrême droite de la zone boisée, et un char à l'extrême gauche, je crie : « 1re pièce sur le char de gauche, 2e et 3e pièce sur les chars de droite ». Quelqu'un déclare que ce sont des Anglais.

Pierre se porte en avant d'une centaine de mètres vers les chars de droite. Il s'arrête, prend ses jumelles et regarde. Moi je n'ai pas mes jumelles. Puis il revient vers nous en courant et criant : *« Ce sont des boches, tirez »*.

Alors je commande feu à volonté. Les trois pièces font feu en même temps. Tous les coups tombent en direction, mais trop courts. Les chefs de pièce ont sous-estimé la distance. Je leur dis d'allonger leur tir et je me porte même vers la 2e pièce où je fais marquer 1000 mètres au repère d'inclinaison du prisme d'appareil de pointage. Une nouvelle rafale part. Je l'observe avec les jumelles de Mulot qu'il vient de me passer. Un des coups de droite tombe longs. C'est bon. Près des chars se rassemblent des prisonniers. Il faut tirer quand même. Sur la position, les hommes sont à genoux à leur poste. Je suis debout entre la 1re et la 2e pièce. Pierre est entre la 2e et la 3e debout aussi, à côté de moi il y a le capitaine Mulot. Le capitaine Giraud et le vétérinaire-lieutenant Roucquette, l'Adjudant Cau est debout à côté de la première pièce qu'il surveille.

© Collection auteur : char allemand le panzer II présent en juin 1940 sur la Côte d'Albâtre.

© Collection auteur : monument en hommage aux soldats tués du 56e RAM et 256e RA à Manneville-ès-Plains.

Une nouvelle rafale part encore : quelqu'un me dit ; il y en a un de touché, mais je n'en suis pas sûr. Des trois chars sortent trois éclairs, des sifflements d'obus passent au milieu de nous. *"Allez, allez"*, nous dit Roucquette. De nouveau trois éclairs, des sifflements d'obus et des balles ; les chars nous mitraillent et nous canonnent à la fois pour toucher les 3 pièces.

Abritez-vous ! Tout le monde se précipite dans le chemin creux à quelques mètres derrière les pièces. Je vois le brigadier Debranc qui court en tenant son bras droit arraché. Je suis couvert de sang, et l'Adjudant Cau me dit qu'il est blessé et défait sa vareuse. Plusieurs autres hélas ! sont blessés aussi. Charles Espagnon, un servant de la première pièce parait bien atteint. Je sens les larmes me monter aux yeux devant le malheur irréparable des tués et des blessés. *(1)*

(1)   Il y a 3 morts : 1er D'Amico Marius servant à la 1re pièce, 2e Espagnon Charles, servant à la 1re pièce, 3e Barthou Alexandre, pointeur à la 2e pièce. D'Amico était un conducteur-muletier. Il venait volontairement servir la pièce pour aider ses camarades, car le peloton de pièce était incomplet.

Et quatre blessés :
- Adjudant Cau, chef de la 1re section.
- Brigadier Debranc Etienne, chef de la 1re pièce.
- Marrot Marcel, servant à la 2e pièce.
- Caly François, pointeur à la 3e pièce.

Les morts et les blessés sont descendus dans le chemin creux, le sous-lieutenant Pierre Thomas et le lieutenant Roucquette (Vétérinaire-Lieutenant qui se trouvait sur la position) essaient de sauver d'Amico qui râle avec les deux jambes sectionnées. Le capitaine Robert ordonne aux brancardiers d'évacuer les blessés vers le poste de secours et part lui-même reconnaître si le chemin de la mer est encore libre. Les chars n'ont pas essayé de s'approcher et ont disparu. Le capitaine Robert revient en annonçant que le chemin est libre. Me voyant blessé, il me prend dans ses bras et sanglote un peu en me disant « Et dire que moi je n'ai rien, c'est terrible Cau, vous comprenez, ce sont mes hommes. ».
Extrait du rapport de l'adjudant Francis Cau.

Nous sommes impuissants. Il faut faire quelque chose. Roucquette se met en devoir de soigner les blessés. Je grimpe à la position de batterie et m'approche en rampant près des pièces. Les 3 pièces ont été atteintes de plein fouet. Barthou Alexandre, pointeur à la 2e pièce gît à son poste affreusement blessé , il râle. Il faudra prévenir son frère.

D'Amico, ne donne plus signe de vie ainsi qu'un canonnier de la 6e batterie venu servir chez nous. J'aperçois Marrot étendu sur le ventre sous le berceau de la 3e pièce. Comment se trouve-t-il là ? Je lui crie de se trainer vers moi, la mitrailleuse est intense et m'empêche de me lever. Il me fait signe qu'il ne peut pas.

Il me faut prendre une décision. On ne peut évidemment plus tirer. Giraud et Mulot ont disparu. Peut-on tenter d'aller à la mer ? Je pars à grands pas vers la falaise. Le mitraillage de tout le terrain qui va en montant continue, mais je n'ai pas le temps de ramper, bien que des fuyards qui se trainent partout me font signe de me baisser, probablement parce que je leur attire des coups.

Quand j'ai dépassé la route nationale, le terrain redescend. On ne craint plus rien. On peut passer puisque je suis passé. Je reviens donc en courant. Je dis à Pierre et à Dubuey d'emmener les servants à la mer avec les blessés. Quant à moi, je me propose d'aller chercher les conducteurs que je ne veux pas abandonner. Pierre et Dubuey se récusent, ils veulent m'accompagner. « C'est un ordre leur dis-je », « *il suffit d'un seul pour les servants* » répond Dubuey et il m'accompagne.

Nous avons pris à la main nos revolvers. En traversant la route de Manneville–Saint-Valery, j'aperçois à 50 mètres à droite un char allemand par le capot duquel sort un feldwebel qui me fait de grands gestes en poussant de grands cris. Je n'en ai cure.

Nous traversons la route. Les conducteurs se sont réfugiés dans une cave du château. Quand ils nous aperçoivent, l'un d'eux dit : « *Enfin mon capitaine, nous allons avoir des ordres* ».

Il y a avec eux des fantassins avec un sous-lieutenant qui a donné l'ordre de briser les fusils. Dubuey lui fait énergiquement comprendre qu'il n'est pas du même avis que lui sur la façon d'accomplir son devoir dans une situation désespérée. Il me reste plus qu'à rassembler tout le monde cela prendra un certain temps, mais je crois que j'y suffirais.

C'est pourquoi je déclare à Dubuey qu'il vaut mieux qu'il rejoigne Pierre. Il part. Quelqu'un arrive en disant qu'un char est entré dans le parc. Je fais le tour du château, sans apercevoir aucun char. Cela me prend bien 10 minutes. Le temps presse, je déclare : « Nous allons essayer de gagner la mer. Ceux qui veulent essayer derrière moi » et je pars sans me retourner.

Le char qui est sur la route fait de nouveau de grands signes. Nous traversons au pas de gymnastique. Quand je suis à quelques mètres de la position, Roucquette vient vers moi dans le chemin creux et me dit : « *Thomas est tué* ». Je suis atterré. J'aperçois Dubuey qui dégringole dans le chemin la figure en sang, il est blessé.

© Pierre Thomas (31 janvier 1917-12 juin 1940).

« Où est Pierre ? Dis-je

"Là tout près", me dit Roucquette et m'explique ce qui est arrivé : "Il est sorti du chemin en criant : 'suivez-moi', j'étais derrière lui, il est tombé, j'ai cru qu'il voulait ramper.

Mais non, il ne s'est pas relevé. Dubuey a voulu continuer et il est blessé.

Je m'avance, j'ai cent hommes derrière moi. On entend un char à droite, j'aperçois des chenilles presque au-dessus de nous et sa mitrailleuse.

Il vient intercepter le chemin à l'endroit où celui-ci devient de niveau avec les champs. *'Il faut se rendre'*, disent les hommes.

Oui, il faut se rendre. Je jette mon revolver que j'ai encore à la main.

Les hommes lèvent les bras. J'aperçois le corps de Pierre, un Allemand veut m'empêcher d'aller vers lui : *« Laisse-moi embrasser mon camarade qui est mort »*.

Je me suis agenouillé avec lieutenant Roucquette à côté de Pierre. Il a l'air de dormir, il a été frappé à la tempe gauche.

Le lieutenant Roucquette sanglote en me montrant la balle qu'il a recueillie. Je pense à la fiancée qui l'attend, à son père et sa mère que je ne connais pas.

Je pose mes lèvres sur son front déjà froid. Brave Pierre, il a fait son devoir jusqu'au bout : « Seigneur et vous Sainte-Marie, recevez-le en votre paradis ».

© Monument du 56ᵉ RAM et du 256ᵉ RA à Manneville sur le bord de la route entre St Valery et Veules-les-Roses.

© Char panzer II qui avec son armement a touché les batteries et les soldats du 56ᵉ RAMD

Les Allemands poussent des cris, ils viennent me chercher. Nous voilà en route derrière le char. J'ai obtenu que Dubuey soit hissé sur le char, il est blessé à la jambe et il ne peut pas marcher. Le char a disparu, c'est une voiture tout terrain que nous suivons. Dubuey est dans la voiture. Nous avons fait au moins 4 ou 5 kilomètres. Il y a un arrêt. Nous nous embrassons avec Dubuey. La marche continue. Tout d'un coup, je ne vois plus la voiture, Dubuey a disparu ».

C'est la fin de la guerre pour la 5ᵉ batterie du 56ᵉ régiment d'artillerie de montagne.

- Alphonse Marie Antoine Emmanuel **ANDUZE-ACHER**

Mort pour la France le 12 juin 1940 à Saint-Valery-en-Caux

Né le 3 juillet 1890 à Chalabre (Aube), commandant le 2ᵉ groupe du 56ᵉ régiment d'artillerie de montagne divisionnaire de la 31ᵉ division d'infanterie alpine.

- Arthur Pierre Joseph **PATIN**

Mort pour la France le 10 juin 1940 à Saint-Valery-en-Caux (Seine-Maritime)

Né le 23 janvier 1901 à Havrincourt (Pas-de-Calais), maître-pointeur, classe 1921, matricule 127 au recrutement d'Arras du 56ᵉ RAMD de la 31ᵉ division d'infanterie alpine.

© Collection J.M Thomas : le sous-lieutenant Pierre Thomas et sa fiancée en novembre 1939

Chapitre 3

81ᵉ régiment d'infanterie alpine

(81e RIA)

© Collection auteur : insigne du 81ᵉ régiment d'infanterie alpine

Historique du régiment

Le caporal Gabriel Boissy est dans ce régiment durant la Première Guerre mondiale de 1914-1918. Il demanda que soit ajoutée sur la tombe du Soldat inconnu, sous l'Arc de Triomphe, une flamme qui ne s'éteindrait jamais. Cette idée fit l'unanimité et c'est le 11 novembre 1923 que la flamme fut allumée pour la première fois.

Avant que le Comité de la Flamme ne se charge de la rallumer tous les soirs, c'est le 81ᵉ RIA, qui avait la responsabilité de le faire et c'est depuis lors que ce régiment fut baptisé « *Régiment de la Flamme* ».

© Cérémonie à l'Arc de triomphe à Paris, le 12 décembre 2012, ravivage de la flamme avec l'amicale du 12ᵉ régiment de chasseurs.

En 1939, la garnison de ce régiment était basée à Montpellier principalement, également à Béziers, mais il y avait aussi un détachement à Narbonne.

Le 81ᵉ RIA (Régiment d'infanterie alpine) appartient à la 31ᵉ division d'infanterie alpine qui est sous les ordres du général Ilher. Bien qu'originaire des Pyrénées, le 81ᵉ RIA est considéré comme étant un régiment d'infanterie alpine.

Dès que la mobilisation générale est déclarée, le 2 septembre 1939 à minuit, le 81e RIA, se rend à Gap puis rapidement, en octobre, part pour l'Alsace, à Ferrette (Haut-Rhin), où se trouve le poste de commandement de la 31e division d'infanterie. Ferrette est une ville proche de la Suisse et de fortifications de la ligne Maginot.

Quand le 81e RIA arrive à Ferrette, il n'y trouve aucun habitant, car toute la zone alsacienne et mosellane habitée proche de la ligne Maginot, appelée zone rouge, a été évacuée pour préserver de la guerre les quelque 600 000 civils s'y trouvant.

Le 81e RIA, par sa présence, contribuerait à stopper une éventuelle attaque de l'armée allemande par la Suisse. Cette entrée en France par la Suisse en passant entre le Jura et les Alpes tout en contournant l'extrémité de la ligne Maginot avait été envisagée par l'état-major sous le nom de code Manœuvre H (h d'Helvétie).

En février 1940, avec son régiment, il fait route vers le camp de Bitche (Moselle) ; le lieutenant-colonel Verdier(1) en prend alors le commandement au mois de mai.

Fin mai, début juin, Boulogne, Calais et Dunkerque sont aux mains des Allemands ou en passe de l'être. Pour la 31e division d'infanterie et son 81e RIA, il faut maintenant quitter Bitche et aller soutenir les forces alliées dans la zone des combats les plus critiques.

Le 81e RIA est alors envoyé près d'Abbeville à Béhen, Boëncourt et le bois de Villers.

Le 81e RIA comme toutes les unités de la 31e division d'infanterie alpine subira le même destin, il sera dans l'obligation de capituler à Saint-Valery-en-Caux. Le rapport du 56e RAMD du capitaine Jean Robert a permis d'avoir tous les éléments nécessaires à une bonne compréhension de ce qu'a subi, aussi, l'infanterie du 81e RIA et du 96e RIA.

Le drapeau fut sauvé, car certains éléments du 81e RIA ont pu se soustraire à l'encerclement de Saint-Valery-en-Caux.
Leur drapeau n'était déployé que pour les revues et les défilés, mais, dans son étui de toile cirée, il faisait partie des bagages du colonel. Un officier le gardait et c'est le lieutenant Rolland qui gardait celui du 81e. Pour éviter sa prise, il l'enroula autour de sa poitrine et jeta la hampe du drapeau dans le brasier d'une maison en flammes. Il traversa la Seine à Honfleur le 11 juin puis le précieux étendard fut remis au commandant du dépôt du 81e de Montpellier le 21 juin.

(1) Le colonel Henri Verdier est tué à Saint-Valery-en-Caux, le 11 juin 1940.

© Collection auteur : plaque en hommage du 81ᵉ RIA sur le monument aux morts de Manneville-ès-Plains

© Collection auteur : monument de la 81ᵉ RIA sur la falaise d'aval à Saint-Valery-en-Caux

Prisonniers de guerre

Après la reddition à Saint-Valery-en-Caux, les hommes de la 31ᵉ division d'infanterie alpine du général Paul Vauthier sont faits prisonniers et conduits dans les stalags en Allemagne.

De nombreuses familles de nos jours recherchent des informations sur la vie éprouvante des soldats de 1940 dans les camps de prisonniers. Grâce à de nombreux contacts avec des autorités officielles et avec l'expérience acquise auprès des informations données par les familles, on peut retracer le parcours pris entre la Côte d'Albâtre et les camps en Allemagne par les soldats français et les soldats britanniques.

Mais aussi, retracer la vie quotidienne dans les camps du fait de rapports écrits par des responsables de la croix rouge, lors de leur visite de ces camps. La première information qui parvient aux familles et qui confirme que leur mari ou fils sont prisonniers de guerre, c'est une carte adressée par la croix rouge à sa famille, précisant le camp et la date où il a été interné. Comme la carte ci-dessous qui indique que Jean Escaich est interné dans le camp allemand stalag VI D qui se trouve à Dortmund (non précisé sur la carte bien sûr). La date indiquée par contre n'est pas exacte, puisque Jean a été fait prisonnier le 12 juin 1940 à St Valery ce qui indique que l'administration de guerre ne retraçait pas toujours la bonne information. On verra plus tard qu'il est arrivé au début du mois de juillet 1940.

Ce qui était certain et réconfortant pour l'épouse de Jean Escaich, c'est qu'il était toujours vivant et prisonnier de guerre en Allemagne.

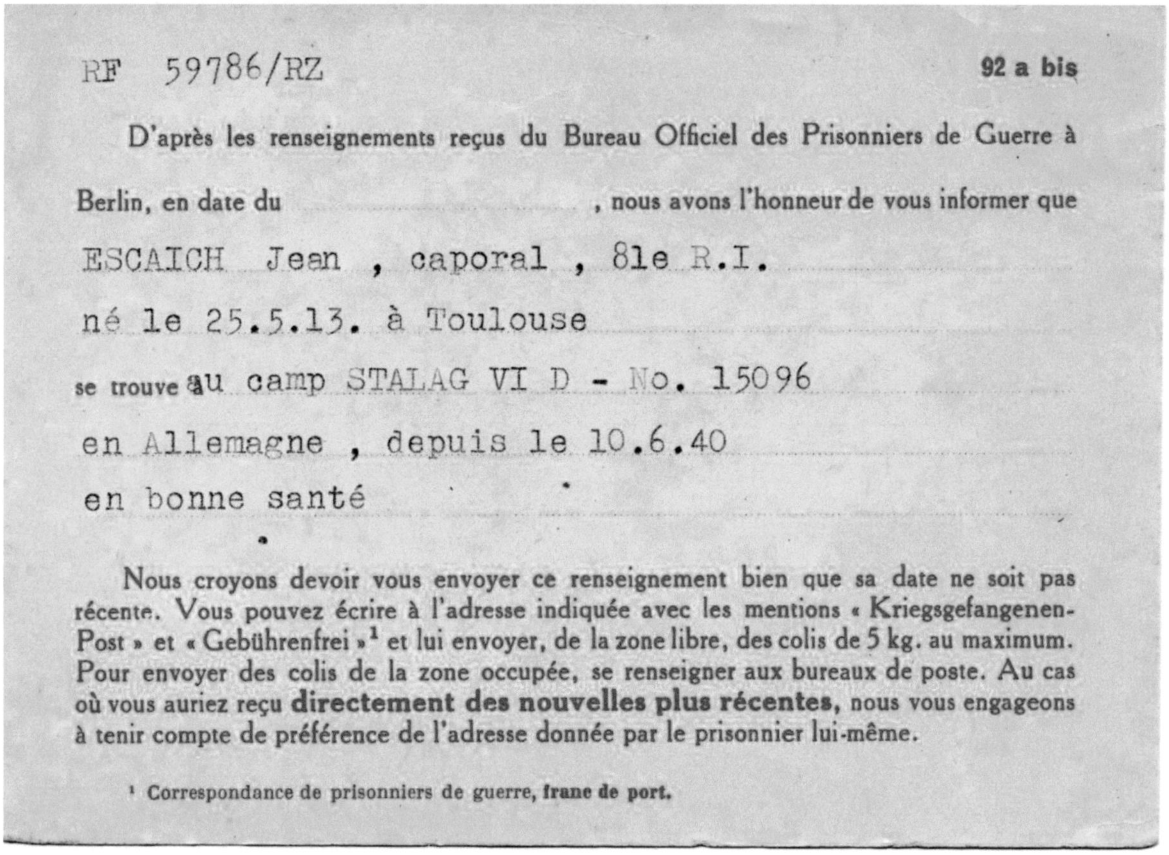

RF   59786/RZ   **92 a bis**

    D'après les renseignements reçus du Bureau Officiel des Prisonniers de Guerre à

Berlin, en date du   , nous avons l'honneur de vous informer que

ESCAICH Jean , caporal , 81e R.I.

né le 25.5.13. à Toulouse

se trouve au camp STALAG VI D - No. 15096

en Allemagne , depuis le 10.6.40

en bonne santé

    Nous croyons devoir vous envoyer ce renseignement bien que sa date ne soit pas récente. Vous pouvez écrire à l'adresse indiquée avec les mentions « Kriegsgefangenen-Post » et « Gebührenfrei »[1] et lui envoyer, de la zone libre, des colis de 5 kg. au maximum. Pour envoyer des colis de la zone occupée, se renseigner aux bureaux de poste. Au cas où vous auriez reçu **directement des nouvelles plus récentes,** nous vous engageons à tenir compte de préférence de l'adresse donnée par le prisonnier lui-même.

    [1] Correspondance de prisonniers de guerre, **franc de port.**

© Carte reçue par l'épouse de Jean Escaich du 81ᵉ régiment d'infanterie alpine.

© Collection famille de Jean Escaich : Jean Escaich en mai 1940 du 81ᵉ régiment d'infanterie alpine

Jean Escaich durant les combats de mai et juin 1940 adresse de nombreux courriers à son épouse. Celui du 7 juin 1940 est très intéressant et émouvant, car il a été écrit 5 jours avant sa capture à Saint Valery-en-Caux et Jean décrit bien la situation confuse et les exploits de ce régiment lors de cette journée.

En voici un extrait : « *... Je ne sais pas à quel moment partira cette lettre. Mais je ne veux pas te frustrer de mes impressions quotidiennes. Hier, nous avons effectué un nouveau déplacement très dur celui-là. Partir à 2 heures de l'après-midi nous ne devions arrêter notre marche qu'à 2 heures du matin. Je ne sais si tu te représentes 12 h de marche avec le sac complet et la veste, on se demande comment on est capable de faire de tels efforts. Ajouter à cela de fréquentes alertes aux avions. Jamais je n'en avais autant vu ! D'ailleurs, il n'y a pas eu d'incident, une grande veine. Notre bataillon a réussi l'exploit d'en abattre un à coups de fusils et de fusils mitrailleurs. Cet exploit est imputable à une compagnie autre que la mienne. Il y a quelque temps, ce fait d'armes aurait eu la grande vedette du communiqué. Actuellement, il y a des choses plus importantes à signaler...*

... Nous sommes chargés de couvrir un ample mouvement de repli amorcé par la faute des Anglais, leurs piètres fantassins à côté de nous. Notre division a subi de lourdes pertes, surtout les deux régiments qui avec le nôtre forment la brigade d'infanterie de la division (1). Et ce qui m'amène à te dire que grâce à ces pertes (le 81ᵉ notamment) nous irons certainement en arrière nous reformer (2). Ce n'est qu'une supposition, mais je ne peux m'empêcher d et'en faire part puisque cela signifierait 99 jours de détentes dont nous avons bien besoin. Songe que depuis près d'un mois nous nous déplaçons constamment, sans même le minimum de sommeil réparateur... » Cette lettre apporte une bonne vision de l'enfer de la guerre vécu par le régiment de Jean Escaich.

Le 12 juin 1940, Jean Escaich se retrouve en bord de falaise proche du casino de Saint-Valery et il se retrouve bloqué dans une grotte dans la falaise pour se protéger des tirs incessants des mitrailleuses allemandes qui tirent de la falaise d'aval sur la falaise d'amont. Après la reddition, il est prisonnier de guerre avec d'autres camarades du 81ᵉ RIA et du 9ᵉ corps d'armée.

(1) Jean parle du 15ᵉ RIA, du 81ᵉ RIA et du 96ᵉ RIA de la 31ᵉ division d'infanterie alpine du général Paul Vauthier.

(2) Surprenant d'apprendre que 5 jours avant le repli sur St Valery que l'on ait fait croire que le régiment allait se reformer. Les officiers ont dû un certain moment en parler, la confusion de l'état-major devait être très grande sur les positions allemandes autour d'eux.

© Collection famille de Jean Escaich : soldats du 81ᵉ RIA en 1939.

La deuxième information qui officialise qu'il est prisonnier de guerre et celle qui est diffusée régulièrement par l'autorité militaire allemandes. Une liste qui donne tous les noms, prénoms, et régiments des soldats internés dans les camps en Allemagne, avec aussi le nom du stalag.

CENTRE NATIONAL D'INFORMATION SUR LES PRISONNIERS DE GUERRE
60, rue des Francs-Bourgeois
PARIS (3°)

Paris, le 22 août 1940

Liste officielle n° 5
DE PRISONNIERS FRANÇAIS

d'après les renseignements fournis par l'Autorité militaire allemande

(Nom, date et lieu de naissance, unité)

AVIS

L'Autorité Militaire Allemande fera tous ses efforts pour que les familles françaises soient renseignées rapidement sur le sort de leurs prisonniers.

Aussitôt que le service postal fonctionnera, les communications écrites entre les prisonniers et leurs familles existeront, conformément aux dispositions des Conventions Internationales.

L'envoi de courrier ou de colis avant la date qui sera fixée est absolument inopportune et ne fait que surcharger inutilement les services postaux.

Les visites aux prisonniers sont interdites.

© Collection IWM : prisonniers du 12 juin 1940.

Après la reddition, tous les prisonniers de guerre prennent la route des camps vers Allemagne. Le parcours est identique pour tous à l'exception de l'arrivée : le stalag n° ...

Par exemple, un autre soldat du 81e RIA, Roger Hilaire n'ira pas dans le camp de Jean Escaich le Stalag VI D, mais le Stalag X B.

Revenons au 12 juin 1940 : les soldats sont conduits dans un champ où ils sont fouillés rapidement puis ils repartent. Ils font environ 40 kilomètres et couchent dans un champ. Les Allemands donnent une louche de petits pois et c'est tout. Cette journée du 12 juin se termine ainsi pour tous ces soldats, allongés sur l'herbe, dans ce pré où ils doivent être plusieurs milliers de Français et d'Écossais à partager le même sort.

© Collection IWM : prisonniers du 12 juin 1940.

Le 13 juin 1940, ils repartent pour 40 kilomètres à pied et en arrivant, c'est encore le même régime, une louche de petits pois sans sel ni rien du tout.

Le 14 juin 1940, ils marchent 60 kilomètres en camion et arrivent à Formerie.

Le 15 juin 1940, ils sont au repos à Formerie.

Le 16 juin 1940, une marche de 40 kilomètres entre Formerie et Airaines. C'est une petite ville complètement anéantie. Il n'y a plus une maison debout.

Le 17 juin 1940, une marche de 22 kilomètres entre Airaines et Soues. À leur arrivée, on leur donne une petite louche de riz et trois galettes de guerre. Le matin en partant, un quart de jus d'orge, autant dire que c'est uniquement que de l'eau.

Le 18 juin 1940, une marche entre Soues et Saint-Ouen de 28 kilomètres.

Le 19 juin 1940, une marche de Saint-Ouen à Doullens de 18 kilomètres. Ils restent sur place jusqu'au 24 juin et toujours avec la même nourriture.

Le 24 juin 1940, une marche de Doullens à Saint-Pol-sur-Ternoise (Pas de Calais) soit 28 kilomètres. Ils mangent des betteraves crues arrachées aux bords des routes tellement ils ont faim.

Le 25 juin 1940, une marche de Saint-Pol à Béthune, 35 kilomètres de douleurs. C'est en quittant Saint-Pol qu'ils apprennent que l'armistice vient d'être signé.

Le 26 juin 1940, une marche de Béthune à Lille de 40 kilomètres. En chemin, à Divion, pays minier, ils sont ravitaillés par les civils qui donnent des tartines de pain à profusion. Les gens sont très gentils.

DOULLENS   La Citadelle. — Quartier Industriel

© La citadelle de Doullens où de nombreux prisonniers ont été internés en juin 1940 selon de nombreux témoignages français et britanniques.

© Collection privée P.N : prisonniers de juin 1940

Le 27 juin 1940, ils franchissent la frontière belge et arrivent à Tournai soit 28 kilomètres.

Le 28 juin 1940, une marche de Tournai à Renaix de 26 kilomètres.

Le 29 juin 1940, une marche de Renaix à Ninove de 34 kilomètres.

Le 30 juin 1940, une marche de Ninove à Aalst de 14 kilomètres.

Juillet 1940

Le 1er juillet 1940, une marche de Aalst (ou Alost) à Lokeren de 26 kilomètres.

© Collection privée P.N : prisonniers de juin 1940

Le 2 juillet 1940, de Lokeren à Moerbeke (Hollande), le soir, ils partent en train jusqu'à Walsoorden où ils embarquent immédiatement en péniche à l'embouchure de l'Escaut. Ils voyagent sur le Rhin toute la nuit du 2 ainsi que les 2 journées qui suivent.

Le 5 juillet 1940, ils débarquent à Emmerich (Allemagne). Le soir même, ils montent dans un train qui, roulant toute la nuit, les mène au petit matin du 6 juillet au camp de Ziegenheim (Stalag IX A) un grand camp où il y a des prisonniers de toutes nationalités, des Polonais, des Belges, des Hollandais, des Britanniques et bien sûr, des Français.

On peut en conclure que tous les soldats de juin 1940 en bonne santé sont arrivés dans les camps allemands, aux premiers jours du mois de juillet.

© Collection famille de Roger Hilaire : Roger Hilaire du 81ᵉ régiment d'infanterie alpine sera interné dans le stalag XB, numéro de matricule : 36 618 et numéro du kommando — Kdo : 749 le camp fut libéré par le 30e corps d'armée de l'armée britannique, le 29 avril 1945 à l'issue d'un combat contre la 15e Panzergrenadier Division.

COMITÉ INTERNATIONAL DE LA CROIX-ROUGE
AGENCE CENTRALE DES PRISONNIERS DE GUERRE
GENÈVE

INTER ARMA CARITAS

Les secours aux prisonniers de guerre hors de France étaient assurés par la Croix-Rouge française, qui était seule mandatée pour intervenir.

Elle connaissait le lieu de détention des hommes pour l'envoi des colis de vivres et le maintien du lien avec leur famille par la transmission du courrier via le CICR (Comité International de la Croix-Rouge). La tâche était d'ampleur, car la France comptait environ 1,8 million de soldats faits prisonniers et envoyés en Allemagne.

Certaines études donnent les chiffres suivants concernant l'œuvre de la Croix-Rouge : 20 millions de colis, 5 millions de livres de lecture et 300 000 jeux et articles de sports adressés aux prisonniers de guerre.

Roger Hilaire, après deux tentatives d'évasion, dont une dans un wagon transportant du charbon, a dû être sévèrement puni et obligé de quitter son relatif « confort » du travail à la ferme pour être placé dans un kommando plus dur. C'est peut-être pour cela qu'il a également travaillé dans une usine alimentaire (abattoir, travail de découpe des carcasses, boucherie... on ne sait pas) puis il a été renvoyé au stalag notamment à cause d' une deuxième tentative d'évasion.

Jean Escaich son camarade de régiment sera interné au : Stalag VI D (Dortmund en date de juillet 1940) Stalag VI F (Bocholt en date de décembre 1942) et au Stalag VI J (Dorsten libéré en date d'avril 1945) numéro de matricule 15096.

© Collection de la famille de Jean Escaich : Jean Escaich en 1939.

© Collection famille Toulza : la compagnie de Marius Toulza au 81ᵉ régiment d'infanterie alpine.

Marius Toulza

Marius Toulza est aussi un soldat du 81ᵉ RIA, prisonnier de guerre à Saint Valery-en-Caux, le 12 juin 1940.

Il est né le 14 février 1914 à Orniac dans le lot.

Il sera interné au stalag IX C avec le numéro : 4190.

Il sera rapatrié le 14 mai 1945.

© Collection de la famille de Marius Toulza : Marius et ses camardes au stalag.

© Collection de la famille de Jean Escaich : soldats du 81ᵉ régiment d'infanterie alpine en 1939.

Hier abtrennen! Détacher le long du pointillé!

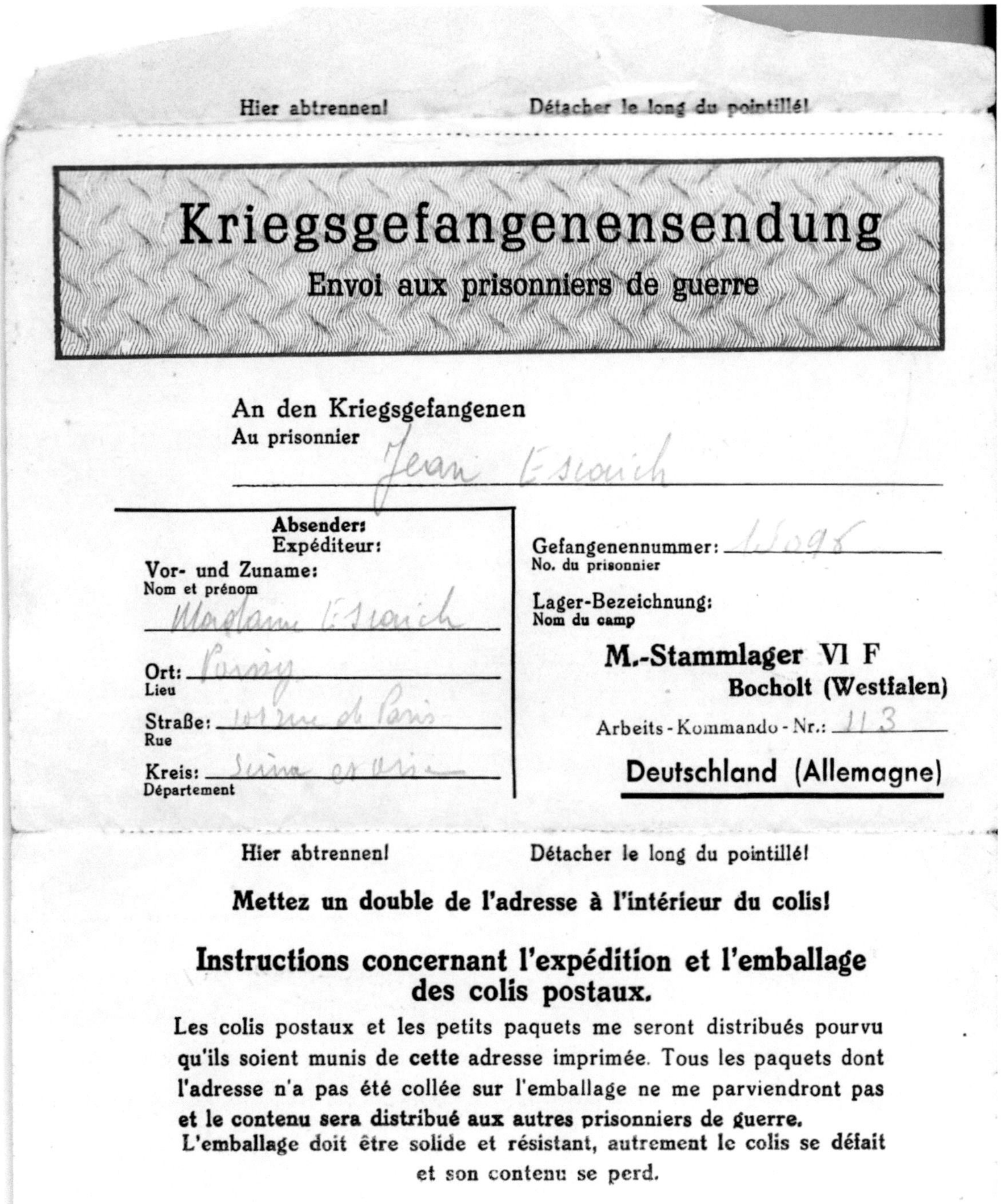

Kriegsgefangenensendung

Envoi aux prisonniers de guerre

An den Kriegsgefangenen
Au prisonnier Jean Escaich

Absender:
Expéditeur:
Vor- und Zuname:
Nom et prénom Madame Escaich
Ort:
Lieu Poissy
Straße:
Rue 101 rue de Paris
Kreis:
Département Seine et Oise

Gefangenennummer: 16098
No. du prisonnier
Lager-Bezeichnung:
Nom du camp
M.-Stammlager VI F
Bocholt (Westfalen)
Arbeits-Kommando-Nr.: 113
Deutschland (Allemagne)

Hier abtrennen! Détacher le long du pointillé!

Mettez un double de l'adresse à l'intérieur du colis!

Instructions concernant l'expédition et l'emballage des colis postaux.

Les colis postaux et les petits paquets me seront distribués pourvu qu'ils soient munis de cette adresse imprimée. Tous les paquets dont l'adresse n'a pas été collée sur l'emballage ne me parviendront pas et le contenu sera distribué aux autres prisonniers de guerre.
L'emballage doit être solide et résistant, autrement le colis se défait et son contenu se perd.

© Collection de la famille de Jean Escaich : document pour adresser un colis à un prisonnier de guerre dans le stalag 6 F. Celui de Jean Escaich et de Raymond Lelièvre.

© Carte des stalags des trois soldats du 81ᵉ régiment d'infanterie alpine.

Le stalag 6 D de Jean Escaich est situé en Prusse à Dortmund. C'est une région houillère et industrielle. Le camp a été établi dans un faubourg de la ville. Les prisonniers logent dans 20 logements en pierre, espacés entre eux de 10 à 20 mètres et divisés en une ou deux salles chacune. Chaque dortoir compte 30 à 64 lits à deux étages, avec des sommiers métalliques. Le chauffage est réalisé à l'aide de poêles. L'effectif du camp est de 19 770 hommes.

Le courrier adressé des familles de France au camp met de 16 à 35 jours pour arriver au camp.

Le courrier adressé par les prisonniers vers la France met environ 33 jours. Les délais de route pour qu'un colis arrive à destination du prisonnier varient entre 16 et 25 jours (1).

Les prisonniers sont utilisés dans la construction. Ils travaillent aussi dans une fabrique d'aluminium et dans la forêt voisine. Chemins de fer, dépôts d'alimentation, fabrique de tôles émaillées, mines, usines de soudure autogène et électrique.

(1)   Informations du document : « les camps de prisonniers de guerre en Allemagne » édité en août 1943.

© Collection privée : orchestre formé au stalag 1 A,

Mais la majorité des captifs sont employés dans l'agriculture. Les prisonniers sont rémunérés mensuellement entre 18 et 161 marks selon leur travail. Le camp possède une bibliothèque de 2000 volumes. Des spectacles de variétés et parfois des pièces de théâtre organisés avec les moyens du bord. Un orchestre symphonique, une chorale et des sports sont aussi organisés.

© Collection privée : photographie prise dans une ferme en Allemagne à Beckum, petite ville entre Hamm et Rhéda près du camp le stalag 6 D (Dortmund).

© Collection Alain Lelièvre : Raymond Lelièvre.

Raymond Lelièvre

Raymond Lelièvre est un cultivateur normand qui habite dans une ferme au village de Criquetot-sur-Ouville. Il est né le 25 mars 1914 à Amfreville-les-Champs. Il est marié à Francine.

Raymond Lelièvre était un artilleur du 78e régiment d'artillerie et comme Jean il a été fait prisonnier à Saint-Valery-en-Caux, le 12 juin 1940.

Il était positionné derrière l'église de Saint-Valery. Il ne pouvait pas tirer avec son canon de 155 du fait que sans contrôle du tir, il pouvait atteindre des positions françaises ou britanniques, par accident. Il est dans le même camp que Jean Escaich, le stalag 6 D, et il sera aussi plus tard interné comme Jean Escaich dans le stalag 6 F.

Raymond Lelièvre

© Collection famille de Raymond Lelièvre : photographie prise au stalag 6 D.

© Raymond Lelièvre photographié au stalag

Le stalag 6 F est situé à proximité de la frontière hollandaise, à Bocholt en Westphalie, dans une immense plaine entourée de bois. Il est à 70 kilomètres à l'ouest de la ville de Munster.

Deux baraques de modèle classique, divisées en deux dortoirs de 150 à 230 lits, et un groupe de bâtiments petits, logent environ 100 prisonniers chacune. Les lits sont à deux ou trois étages.

Le chauffage est réalisé à l'aide de poêles, alimentés en bois ou du charbon. L'éclairage est électrique. L'effectif total des hommes est de 18 765 prisonniers. Le travail dans le camp et à l'extérieur est assez semblable au stalag 6 D.

Le stalag 6 J a été implanté à Fichtenhain dans la banlieue de la petite ville de Krefeld à 50 Kms à l'ouest de Dortmund.

Le camp est entouré de sapins et se compose de bâtiments en pierre et de baraquement en bois. Les constructions en pierre, à un étage, possèdent le chauffage central. L'éclairage est électrique. Les baraquements sont chauffés à l'aide de poêles, alimentés en bois ou du charbon. L'effectif du stalag est de 29 601 prisonniers.

Après cette description des stalags de Jean Escaich, je continue avec le stalag 9 C (IX C), celui de Marius Toulza.

Le stalag IX C est situé à Bad Sulza à 50 kilomètres à l'est de la ville d'Erfurt, en Thuringe, et à mi-chemin de cette ville et de Leipzig. Le camp se compose de baraquements en bois. Les lits sont à trois étages. Trois poêles pour chauffer chaque chambre. L'éclairage est électrique. L'effectif est de 24 072 prisonniers. Il est fait environ chaque mois une expédition de 6 wagons d'envois collectifs dans ce camp par le gouvernement français. L'homme de confiance contrôle la réception et la distribution des marchandises. Pour les courriers et les colis, les délais sont identiques à tous les camps. Les prisonniers sont utilisés dans différentes usines, une fabrique de sucre, de porcelaine, des salines, dans l'agriculture. Certains sont employés à livrer du charbon en ville.

Le stalag X B (10 B) est situé à Sandbostel par Bremerwoerde à 80 kms à l'ouest dans les environs d'Hambourg. Le camp abrite 18 804 prisonniers. L'aspect de ce camp est celui d'un rectangle. Il y a 90 baraques. Les lits sont à deux étages. Le chauffage des chambres est assuré par de petits poêles en fonte alimentés par du charbon, du bois ou de la tourbe provenant des marais avoisinants. Salles de cours, de lecture, de jeux. Une chapelle pouvant accueillir 600 hommes.

Les repas sont préparés dans une cuisine bien installée. Les rations sont contrôlées par les hommes de confiance. Les vivres provenant des envois collectifs ou de colis familiaux peuvent être apprêtés à la cuisine, séparément.

Le camp contient une bibliothèque de 4500 volumes. Le travail des prisonniers est principalement axé dans les usines industrielles et les exploitations agricoles autour du camp.

En conclusion, on remarque que les conditions de vie de nos prisonniers de guerre décrites en 1943 sont assez identiques d'un camp à l'autre.

© Collection famille de Raymond Lelièvre : photographie prise lors de la captivité de Raymond Lelièvre en Allemagne quand il travaillait dans une ferme à Beckum.

Et pourtant des prisonniers de guerre sont morts dans les camps et inhumés dans le cimetière de son stalag.

Jean, Marius, Raymond et Roger et leurs camarades seront libérés en avril et mai 1945 après 5 années de captivité.

La majorité des prisonniers de guerre français n'ont que très rarement évoqué leur expérience durant cette guerre de mai et juin 1940 à leur famille. De nos jours, de nombreuses familles recherchent des informations inhérentes à cette période pour mieux comprendre le calvaire durant les combats et durant les cinq années de captivité. J'espère qu'à la lecture de ce livre, ils auront les éléments pour amorcer une recherche personnelle et familiale.

© Collection auteur : inhumation d'un soldat français dans le stalag IV B

© Collection privée : Cimetière du stalag 1A.

Bibliothèque et photographies

1- Collection photographique de l'impérial War muséum
2- Collection photographique NARA.
3- Archives documentaires et photographiques de la Famille de Pierre Thomas.
4- Archives documentaires du 22e régiment d'infanterie coloniale du colonel Blanchet
5- Courrier du capitaine André Rodolphe Benon adressé à l'auteur.
6- Collection de l'auteur.
7- Collection photographique de la famille de Marius Toulza
8- Collection documentaire et photographique de la famille de Jean Escaich
9- Collection documentaire et photographique de la famille Roger Hilaire.
10- Collection photographique de Paul Noël
11- Archives de l'Association des Descendants des KG des stalags VIA et VID (A.D.P.G.H.D)
12- De Gaulle sous le casque par Henry de Wailly.

Remerciements

Un grand merci à Régine Hessling et à Pascal Van Den Broeck de l'Association des Descendants des KG des stalags VIA et VID qui m'ont apporté toute l'aide nécessaire à une bonne compréhension de la vie dans les camps. Je les remercie aussi pour toute l'aide apportée à toutes les familles qui m'avaient contacté pour obtenir des informations d'un de leur parent interné dans un stalag en Allemagne.

Le site de l'association : A.D.P.G.H.D. http://stalag6a6d.fr/

Je tiens ensuite à remercier toutes les personnes qui m'ont aidé en me confiant leurs documents et leurs photographies familiales afin qu'ils puissent être numérisés et servir à cet ouvrage.

Merci au général Jean-Michel Thomas de la famille de Pierre Thomas.
Merci à Françoise Escaich, la fille de Jean Escaich.
Merci à la famille de Marius Toulza et plus particulièrement à sa fille Gisèle.
Merci à Alain Lelièvre, le fils de Raymond Lelièvre.
Merci à la famille de Roger Hilaire.
Merci à la famille du lieutenant Bérard et plus particulièrement à sa fille.
Merci à Henri Lacroix, arrière-petit-fils du commandant Henri Lacroix du 2e bataillon du 22e RIC.

Merci à mes amis britanniques, Craig MacAlpine et John Crowe pour leur aide à l'accès aux collections des photographies des collections Nara et de l'impérial war muséum.

Je tiens à rendre un hommage profond à deux amis du 22e RIC, le capitaine Rodolphe-André Benon et le colonel Philippe Blanchet qui nous ont quittés et qui m'ont apporté tous les éléments documentaires et archives historiques de ce régiment durant la bataille de France de mai et juin 1940.

Merci à Gérard Fouché, maire de Manneville-ès-Plains et à ses habitants pour leur volonté de maintenir les cérémonies en hommage aux soldats de juin 1940 qui ont combattu dans leur commune.

Merci, à toutes les autres communes et aux habitants de la Somme à la Côte d'Albâtre qui honorent chaque année, les soldats inhumés dans leur cimetière militaire ou leur monument aux morts de la Première et Seconde Guerre mondiale.

Table des matières

ISBN : 979-8-3765116-5-7

Achevé d'imprimer en mars 2023

Imprimé à la demande par Amazon

Dépôt légal : Mars 2023

30 € TTC

Printed in France by Amazon
Brétigny-sur-Orge, FR

20051185R00078